SEJAM SÁBIOS, TORNEM-SE PROFETAS

GEORGES CHARPAK
[PRÊMIO NOBEL DE FÍSICA] & ROLAND OMNÈS

SEJAM SÁBIOS, TORNEM-SE PROFETAS

Tradução
Clóvis Marques

BestSeller

CIP-BRASIL. CATALOGAÇÃO-NA-FONTE
SINDICATO NACIONAL DOS EDITORES DE LIVROS, RJ.

C435s Charpak, Georges
Sejam sábios, tornem-se profetas / Georges Charpak, Roland Omnès; tradução Clóvis Marques. – Rio de Janeiro: Best*Seller*, 2007.

Tradução de: Soyez savants devenes prophètes
ISBN 978-85-7684-035-0

1. Ciência – História. 2. Ciência – Metologia. 3. Teoria do conhecimento. I. Omnès, Roland. II. Título.

07-0039 CDD: 509
CDU: 50(091)

Título original norte-americano
SOYEZ SAVANTS DEVENEZ PROPHÈTES

Capa: Sérgio Campante
Editoração eletrônica: Abreu's System

Impresso no Brasil

ISBN 978-85-7684-035-0

Para Dominique e Liliane
Para nossos netos

SUMÁRIO

SEGUNDA PARTE

CIÊNCIA, FILOSOFIA E RELIGIÃO

TERCEIRA PARTE

POR UMA EDUCAÇÃO NO SÉCULO XXI

INTRODUÇÃO

Entender a ciência seria apenas satisfazer uma curiosidade intelectual, que alguns consideram inclusive inútil para a cultura? Acreditamos que não: sem apreender realmente o significado da ciência, só podemos entender o mundo moderno na superfície. É esta a base deste livro e sua razão de ser, e é tomando-a como parâmetro que gostaríamos de conduzir o leitor ao coração da ciência, clássica ou contemporânea, e, no que diz respeito à física, levá-lo tanto à de Newton quanto à de Einstein e do mundo quântico.

Não se trata, contudo, de transmitir um saber, pois queremos ao mesmo tempo muito mais e muito menos. Naturalmente, como físicos profissionais, sabemos um pouco de ciência, mas gostaríamos sobretudo de compartilhar com o leitor o seu sentido, mais que o seu conteúdo. Comunicar tal sentido, aquele que pudemos apreender e que orientou nossas pesquisas, requer uma ambição maior que a simples difusão de conhecimentos. Com isso, somos inevitavelmente levados a nos questionar sobre o sentido do homem, o sentido do mundo que ele construiu e do Universo que habita, em suma, sobre questões que têm sido tratadas pela filosofia desde a aurora grega e pela religião desde a noite dos tempos.

Se essas questões voltam a ser novas, isso se deve à descoberta no século XX de leis naturais de imensa importância, que logo trataremos de expor. Não o faremos como professores ou autores de enciclopédia, mas a partir do interior, tal como pudemos vivenciá-las, como uma realidade grandiosa em que tudo se concentra. Falaremos de leis tão estranhas que poderiam parecer sonhos absurdos, se não fossem, precisamente, a essência de tudo que existe, o verdadeiro centro da realidade.

Conduziremos o leitor ao encontro das leis como se elas vivessem num palácio, à maneira de Santo Agostinho evocando palácios da memória. Um comportamento assim não é comum entre cientistas, pois mais se aproxima das *Mil e uma noites* que de um tratado de álgebra, mas pareceu-nos apropriado para expressar a veneração que as leis inspiram naqueles que delas se aproximam. É tal impressão inesquecível que este livro quer compartilhar, explicando por que as leis da natureza são transcendentes, mostrando que a ciência não as inventa nem constrói, mas simplesmente as descobre. Quem conhece o sentimento inspirado por essa descoberta e já teve a felicidade de vivenciá-lo identifica nele quase exatamente o sentimento do sagrado experimentado pelos que têm fé.

Optamos por nos comportar como guias para permitir que cada um lance seu olhar em direção ao espetáculo das leis que presidem a arquitetura do mundo. Um espetáculo acessível a todos e que, no entanto, tão poucos são capazes de distinguir, tão deslumbrante ele parece.

Houve momentos em que preferimos as palavras do visionário às do cientista, não raro suspirando por não sermos poetas, pois seria necessário dispor de sementes de vento ou de um sopro do gênio de Victor Hugo para transmitir o que existe de poesia desejável nas fórmulas abstratas da ciência.

Como desejávamos compartilhar este sentimento tão próximo do sagrado que é vivenciado por quem se aproxima das leis da natureza, chegamos em território disputado pela filosofia e pela religião. Entretanto, nenhuma dessas duas pretendentes pareceu-nos suficientemente robusta ante as perspectivas e os desafios do presente. A afirmação pode parecer excessiva e presunçosa, e no entanto a filosofia nos decepciona com sua cegueira ante as leis da natureza e o encantamento do mundo por elas gerado. Em contrapartida, se a religião, qualquer religião, efetivamente reconhece essa transcendência das leis, por outro lado quer administrar sozinha o seu caráter sagrado. Também ela as submete ao arbítrio de uma subjetividade, a subjetividade de um Deus com demasiada freqüência concebido à imagem do homem. Por um inesperado paradoxo, o ganho transcendente recolhido pela ciência confere mais grandeza à meditação que qualquer tradição.

Já é hora de revelar-se verdadeiramente o significado da ciência, ou antes o sentido do que ela encontra além do que é humano. Também é evidente que ela está longe de produzir apenas benfeitorias, e que não tem as mãos limpas no que se refere às desgraças do mundo. Todavia, só podemos esperar uma outra ordem do mundo, num futuro iminente, de uma sabedoria na qual a ciência, ou ao menos aquilo que ela revela, encontre seu autêntico lugar. Esperamos ser capazes de mostrar, por meio deste livro, que não se trata de palavras vazias, mas de reflexões incontornáveis, desde que delas tenhamos a chave.

Como não estamos capacitados a seguir por conta própria os múltiplos caminhos que se descortinam a partir deste ponto, nem pretendemos fazê-lo, vamos nos limitar àqueles nos quais temos competência, e que têm a ver com o essencial. E o essencial nessa perspectiva é, antes de mais nada, a juventude; é a educação. Nada é mais necessário que dar aos jovens a educação de que precisam e que merecem, que fará de suas gerações homens e mulheres livres, capazes de entender por si mesmos o significado do Universo que os cerca. É preciso pôr isso em prática antes que venham a ser atraídos por gurus, mercadores da vingança, adoradores de lendas ou iluminados. Para que tenham, em vez disso, o verdadeiro saber dos que conhecem e a lucidez e a ação esclarecida dos profetas.

Primeira parte

CIÊNCIA

Capítulo 1

LEMBRANÇAS DA GÊNESE

Percebemos com muita dificuldade tudo que evolui lentamente. Para muitos de nós, os bilhões de anos de existência da Terra e do Universo ou os milhões de anos da espécie humana são abstrações vagas. Milhões e bilhões confundem-se mais ou menos, e a duração de uma vida será sempre a unidade de medida do tempo, tal como o percebemos.

Mas eis que de repente, ainda nessa mesma escala, a história se acelera. Tudo evolui, o *savoir-faire* se esgota no espaço de uma carreira e o mundo está constantemente se modificando. Temos as armas, as guerras, os sobressaltos de antes e depois do colonialismo, o fim da URSS e a evolução da China. Temos a Internet, o computador, os meios de comunicação, as transferências de indústrias de um continente para outro, a substituição da religião do comunismo pelos missionários da globalização, enquanto os adoradores do folclore se enrijecem. Sim, a história se acelera, não há como negar! E não há como negar que o desenvolvimento das técnicas contribui muito mais para isto que o impacto das idéias.

Sustentaremos neste livro que tudo isso configura nada menos que uma mutação. Todas as causas invocadas são acessórias, à exceção de uma única: o surgimento da ciência há quatro séculos.

É a segunda vez que ocorre uma mutação dessa proporção. A anterior, a primeira, ocorreu no início do Neolítico, há 12 mil anos. Como não somos especialistas de um passado tão distante, vamos nos limitar, neste primeiro capítulo, a rememorar os fatos sob a forma de uma fábula.

Novas revelações sobre a era paleolítica

Há muito tempo, tanto tempo que podemos dizer que era uma vez um demiurgo e sua companheira... "Um demiurgo, que é isto?", poderão perguntar. Segundo os dicionários, os demiurgos eram divindades secundárias na tradição platônica. Um deles foi, inclusive, elevado pelos cátaros do Sul da França à posição de deus do Mal e criador desastroso do mundo! De nossa parte, acreditamos que os demiurgos são artesãos aos quais Deus encomenda projetos inéditos, mundos surpreendentes, espetáculos, teoremas ou jóias vivas, em suma, tudo que seja capaz de distrair um Todo-Poderoso. "Surpreendam-me, inventem algo inteligente!", diz Ele, sempre que preside um de seus congressos.

A nosso casal de demiurgos ocorrera em outros tempos a idéia de inventar o homem. O protótipo que então apresentaram era sedutor — sobretudo em sua versão feminina —, e não faltavam ao modelo graça e sofisticação. "Ele foi feito à Minha imagem e se parece comigo", dissera Deus. "Gostei. Vou criá-lo." Criar não é fácil quando temos de respeitar as leis que nós mesmos promulgamos e levar em conta a jurisprudência acumulada ao longo de toda a história do mundo. Felizmente, Deus é sutil, como diria

calendário universal

(As datas desta tabela são apenas indicativas.)

14 bilhões de anos a.C.	Nascimento do Universo. 300 mil anos depois: surgimento dos primeiros átomos. Passado aproximadamente mais um bilhão de anos: primeiras estrelas.
6 bilhões de anos a.C.	Formação do Sol.
4,6 bilhões de anos a.C.	Formação do planeta Terra.
3,5 bilhões de anos a.C.	Já existe vida na Terra.
65 milhões de anos a.C.	Desaparecimento dos dinossauros.
9 a 7 milhões de anos a.C.	Primeiros hominídeos, antepassados distantes do gorila, do chimpanzé e do homem (através da linhagem do australopiteco, do *Homo habilis*, do *Homo ergaster* e do *Homo sapiens*).
500 mil anos a.C.	O *Homo ergaster* domina o fogo.
150 mil anos a.C.	*Homo sapiens* (convencionalmente, início da época paleolítica).
100 mil anos a.C.	Fim do último período glaciário. Início da época neolítica. Primeira grande mutação da sociedade humana.
3 mil anos a.C.	Surgimento da escrita.
500 anos a.C.	A filosofia, a lógica, as matemáticas e muitos outros campos do pensamento se definem.
1.600 anos d.C.	Início da ciência experimental e da segunda mutação da sociedade humana.

seu amigo Einstein — que também era um demiurgo —, e assim, manipulando, colando e transformando alguns genes de macaco, levou o projeto de homem à linha de montagem. Isto aconteceu há milhões de anos, e até hoje discute-se sobre a data exata e o local da inauguração.

Mas há cerca de 200 mil anos, ou seja, na época do era uma vez, o demiurgo e sua companheira estavam perplexos. "Muito bem!", dissera-lhes Deus naquele dia, "e o homem, como vai? Já está na hora de me proporem uma continuação. O australopiteco não foi nada mal, a invenção do fogo pelo *Homo erectus* foi um excelente achado, mas que coisa mais demorada, parece que não acaba nunca! Vamos, um pouco de imaginação!" (Deus é generoso com a concorrência.) Nossos dois demiurgos imediatamente trataram de lançar mão de compassos, lápis e bisturis. O masculino encontrou um título que inscrevera em letras grandes em sua folha, "Homem I", mas o apagou, substituindo-o por "*Homo sapiens*". Mas o restante da página continuava desalentadoramente em branco. "Precisamos de um bom roteiro", disse ele, pensando alto, "algo romântico, quem sabe, embalado no canto dos pássaros e no murmúrio do vento". Acontece que para os espíritos criativos, e logo, também, para os demiurgos, não existe a menor diferença entre imaginar uma história e vê-la acontecendo como num filme, de modo que foi o seguinte o que eles viram.

A câmera celeste descortinava aos seus olhos florestas virgens, pontuadas aqui e ali por clareiras e rios cristalinos. Por toda parte eles viam animais, em bandos ou solitários, e ficaram espantados com a pequena quantidade de homens. Mas logo entenderam o motivo. Aqueles que conseguiam ver pareciam uma caça assustada como outra qualquer. De dia e de noite, serviam de presa aos maqueirodontes — gigantescos tigres com dentes de sabre — e eram perseguidos por matilhas de hienas caçadoras de patas enormes, *Hyenicitis* e *Euryobas*, que roubavam seus filhos. Onde quer que se refugiassem, os pequenos grupos humanos eram dizimados toda noite por outros felinos de caninos pontiagudos e poderosas mandíbulas, os abomináveis *Dinofelis*. Os demiurgos pensaram que a matança logo chegaria ao fim, com a extinção da espécie.

Interromperam o espetáculo bem no meio de uma cena insuportável e olharam-se longamente, em silêncio. Foi ela quem falou primeiro:

"— Algo não deu certo em nossa programação, e acho que sei o que foi...

— Você está falando da multiplicação das feras? Mas não podemos fazer nada; a equação que liga as populações de predadores às de presas é incontestável, e o resultado do cálculo, inevitável. O que quer que façamos, não haverá saída.

— Não foi o que eu quis dizer. Você não percebeu os gritos emitidos pelos humanos quando o *Dinofelis* entrou na caverna, pulando por cima da fogueira? Eles piavam, gemiam, grunhiam e alguns até rugiam...

— O que não surpreende, considerando-se as circunstâncias.

— Mas você não está entendendo: eles não falavam!"

O demiurgo estremeceu. Como não percebera algo tão evidente? Com efeito, um dos elementos importantes do programa "*Homo*" consistia na criação da linguagem. Os humanos haviam sido dotados dos genes indispensáveis ao desenvolvimento do córtex e à configuração da laringe, e com isto poderiam inventar, ou melhor, descobrir uma linguagem articulada. Em tese, bastaria que tomassem como modelo as evidentes e onipresentes regularidades da natureza. É claro, não poderiam adivinhar de uma hora para outra que todas as rochas são feitas de cristais de tamanhos diferentes e todos os áceres compartilham o mesmo genoma, mas o que tinham diante dos olhos seria suficiente para sugerir-lhes que os sons que articulavam podiam à sua maneira significar "pedra", "ácer" ou "te amo".

O demiurgo chegara inclusive a estabelecer uma classificação teórica de todos os tipos de línguas possíveis. Ele explicava que a repetição dos mesmos fenômenos e dos mesmos atos seria traduzida, em certas línguas, por verbos, ou seja, imagens de ações que assumiriam uma forma oral. Mostrava como desinências e conjugações desses verbos podiam fazer com que o tempo entrasse na linguagem, distinguindo o que é do que foi e do que será; como certas qualidades visíveis, associadas aos nomes na forma de adjetivos, poderiam enriquecê-los, tornando-os mais precisos. Segundo ele, todo um jogo de declinações e preposições permitiria dar conta das relações que existem entre as coisas e as ações. O demiurgo estava perfeitamente orgulhoso de seu trabalho, e a correspondência que imaginava entre as coisas, os seres e os movimentos do mundo, por um lado, e, por outro, uma simples sucessão de sons parecia-lhe uma admirável relação matemática entre realidades aparentemente muito distantes.

Era este o projeto, e agora se verificava que nada do previsto acontecera, 200 mil anos depois da descoberta do fogo! O motivo do fracasso logo lhe ocorreu, tal como ocorrera à sua companheira: os homens estavam por demais acossados pelo medo para ter tempo de pensar. Suspirando, ele retomou a conversa:

"— Deu errado. Teremos de recomeçar tudo com uma nova espécie.

— Nem pensar, nada está perdido! Achávamos que a constância e a harmonia dos fenômenos naturais bastariam para produzir uma linguagem em um cérebro evoluído. E este cérebro realmente existe, só que não consegue funcionar. Vamos voltar ao começo! Ajudaremos os homens a descobrir a linguagem que já têm na ponta da língua. Você verá, eles serão capazes de se comunicar muito melhor do que com grunhidos. Descobrirão como se

organizar, trocar idéias, inventar armas, estratégias e tá
preender e vencer os inimigos. Saberão, por sua vez, pers
predadores, acossá-los, obrigá-los a fugir ou desaparecer. Poderão desfrutar plena, consciente e abundantemente das benesses da mãe Natureza. Olha só o roteiro que temos nas mãos..."

Uma vez convencidos da validade de seu plano, os dois demiurgos começaram a percorrer a Terra conversando com os homens. Estes eram tão pouco numerosos e tão capazes de imitação que a operação foi rápida. Tudo leva a crer que os demiurgos disseminaram vários tipos de línguas, o que explicaria a atual diversidade; mas isso é apenas uma hipótese.

O que puderam então constatar encheu-os de satisfação. Tinham diante dos olhos uma família humana tranqüila, um casal acomodado no fundo de uma cabana, cercado de filhos de olhos arregalados. A família fazia parte de uma pequena horda de algumas dezenas de indivíduos, todos solidários e unidos pelo parentesco, deslocando-se em conjunto ao sabor das estações, aproveitando os momentos propícios à colheita e as melhores oportunidades para caçar. Os demiurgos sorriam de contentamento:

"Olhem só! Agora os animais ferozes ficam longe das lanças, das fundas e dos dardos. A pequena comunidade se relaciona com outras, e, juntas, elas formam uma etnia de algumas centenas ou milhares de indivíduos que compartilham a mesma língua e os mesmos costumes. Quando a população de uma comunidade ou de uma etnia aumenta além do que seu território é capaz de alimentar, ela se dispersa. Um grupo se afasta e vai em busca de fortuna ou provisão em outro lugar, um pouco mais adiante. De tal maneira que, assim avançando um pouco mais adiante, e mais um pouco ainda, a espécie humana acaba cobrindo toda a Terra com suas hordas migratórias."

Começam a surgir formas de arte. As paredes dos penhascos e das cavernas são cobertas por pinturas, a música e os cantos fazem vibrar a atmosfera, os homens modelam na argila pequenas imagens sugestivas e frágeis. O "Homem I" tornou-se realmente *sapiens* e apresentável, e os demiurgos pintam com ele um quadro a que dão o título de "O estado natural ou a era Paleolítica", significando que um dia só restarão dela pedras talhadas. Ao entregar a obra a Quem de Direito, a companheira do demiurgo acrescentou:

"— De minha parte, considero que isto é um paraíso.

— Um Paraíso! Excelente idéia! — disse Deus. — Vou usá-la."

Da boa utilização dos demiurgos

"Assim como os olhos dos pássaros noturnos são ofuscados pelo sol, o olhar do nosso pensamento se desvia daquilo que mais luz traz em si." Este pensamento é de Aristóteles, mas qualquer um que tenha convivido com a ciência sabe que é verdadeiro. Quantas vezes não dizemos ao longo da vida "Mas por que foi que não fiz essa pergunta?" ou "Como é que eu não vi essa resposta?". O fenômeno é tão generalizado que às vezes, fechando um livro de história, perguntamos a nós mesmos: "Como é que os homens puderam ficar tanto tempo cegos ao que parece tão evidente?" Quem não gostaria de entender o mundo atual e o horizonte para o qual nos precipita? Sentimos que ele está gestando, mas não sabemos muito bem o quê. Não pode haver questão mais urgente e, no entanto, o olhar de nosso pensamento continua cego, como o olho de uma coruja assustada.

O mais difícil é olhar o que existe como se nunca tivéssemos visto, pois o que é familiar sempre parece necessário e certo, embora na realidade esteja envolto em mistério. Costuma-se dizer que "uma rosa é uma rosa", no entanto, quanto mistério existe na mais efêmera das rosas. Muitas vezes também ignoramos que não sabemos, porque julgamos saber. Por exemplo: por que brilha o Sol? Durante milênios, esta dúvida infantil foi obscurecida pelas mitologias. Um deus com dupla função de "chofer"* conduzia o astro móvel iluminando a Terra; ou então um Deus único determinava "que se fizesse a luz", e o Sol, obediente, brilhava fulgurante, esperando o fim do mundo. Mas é apenas um exemplo.

Eis aqui um outro extraído da história. Só na segunda metade do século XX a primeira mutação da humanidade revelou-se a nossos olhos, quando, na realidade, deu-se há 12 mil anos. Esplêndida e dramática, não deixaremos de contá-la, mas antes é preciso esclarecer o sentido da palavra "mutação" quando empregada em história. A expressão foi tomada de empréstimo à biologia, na qual designa a transformação de um ser ou de uma espécie, registrando os historiadores a impossibilidade de retrocesso. Trata-se portanto de um fenômeno mais radical que uma revolução que designe um movimento circular e cujos efeitos sempre podem ser anulados por outra revolução. Quando a mutação ocorre numa sociedade, em contrapartida, o destino se bifurca. O futuro é um novo impulso para outros horizontes, ou então o declínio e a morte.

O conhecimento desses fenômenos é recente; muitas vezes esquecemos o quanto o campo do saber se ampliou ao longo do século XX, o quanto nossa visão deveria ser mais clara que a dos nossos antecessores. Pássaros noturnos que éramos, eis que nos tornamos diurnos, e nossos passos podem ser seguramente conduzidos pela luz. Mas, infelizmente, somos insuportavelmente míopes. Indivíduos de visão curta e cultura dispersa, não sabemos tirar proveito nem colher sabedoria de nossa imensa reserva de conhecimentos.

---

*Duplamente: porque conduz e porque esquenta, segundo a acepção original do verbo francês (*chauffer*, aquecer), que deu origem a este sinônimo português de motorista. (*N. do T.*)

É esta a chave deste livro, que pretende apenas permitir que as verdadeiras questões projetem sua luz. Mas será preciso deixar que o estranho se revele por meio do que é familiar. Assim, nossos demiurgos e outros artifícios que balizam este livro estão aqui apenas para nos arrancar a todos à opacidade do hábito.

O Homem II: o Neolítico

No ato II, os demiurgos inauguraram um novo processo: o "Homem II". O início tem data precisa, pois ocorreu 10 mil anos antes de nossa era.[1] Ele poderia ter acontecido muitas vezes antes, ou talvez nunca, pois foi um acontecimento improvável, uma eventualidade do jogo das leis naturais e também um fruto dessas leis que poderia não ter nascido. Podemos dizer que foi uma mutação da humanidade, inicialmente chamada de era "Neolítica" pelos historiadores, que só depois identificariam sua verdadeira importância e significado. Os próprios demiurgos não estavam suficientemente atentos quando o acontecimento se deu, e se mantiveram indecisos quanto às circunstâncias exatas do fenômeno, hesitando entre várias possibilidades. Propomos então que o leitor acompanhe uma dessas possibilidades por eles imaginadas.

Era o fim de um período glaciário. No decurso de poucos séculos, o clima se aqueceu e enormes geleiras derreteram, oferecendo ao

[1] A maioria das idéias expostas neste capítulo é aceita por muitos historiadores, aos quais fomos tomá-las de empréstimo. Não seria possível determinar detalhadamente sua origem, e os autores nos quais fomos buscá-las em primeiro lugar foram Fernand Braudel e Pierre Chaunu. Uma síntese aprofundada foi publicada por Jean Baechler (*Esquisse d'une histoire universelle*. Paris: Fayard, 2002), e nela se baseiam diretamente várias partes deste capítulo e do seguinte.

calor do sol continentes renovados. A fauna e a flora se transformavam, e novos territórios se abriam aos homens. Os mamutes, as renas e os outros grandes animais do frio se retiravam, enquanto se multiplicavam os animais menores. A caça era boa e fácil, o alimento, abundante, e os homens tornavam-se cada vez mais numerosos. Em si mesmo, o fenômeno nada tinha de novo; a Terra passara por muitas outras eras glaciárias seguidas de etapas de reaquecimento, mas algo de imprevisto deu-se então, por esta única vez.

Os demiurgos, cujo gosto pelas matemáticas já vimos, sabiam perfeitamente que os fenômenos naturais flutuam: variam de um caso a outro e podem ser compelidos em direções inéditas por causas aparentemente ínfimas. Mas foi somente *a posteriori* que eles observaram o que estava acontecendo em certos lugares específicos, perto de determinados rios, no limiar das florestas e das savanas, sempre em ambiente de clima moderado. Sua atenção voltava-se particularmente para os amplos vales do Indo, do Eufrates, do Nilo e do Yangzi Jiang, para outros vales dos Andes e certos planaltos do México, onde quer que percebessem que estavam para nascer civilizações.

A quantidade de homens aumentava tanto nesses lugares favoráveis que acabou faltando espaço. A dispersão tornava-se difícil, pois já se haviam instalado homens nos lugares para onde pretendiam transferir-se outros. Assim, o início do período do "Homem II", o do Neolítico, é marcado pela data fatídica, que certamente varia um pouco de acordo com o lugar, em que o espaço humano ficou saturado em vastas regiões. A Terra era coberta pelos homens em número maior que o passível de ser garantido pelo modo de vida natural, primitivo.

Quando essa desgraça se abate sobre os lemingues, dizem que eles se precipitam em formação cerrada na direção do mar. Submetidos a condições semelhantes, certos animais ferozes atiram-se sobre os congêneres e dão caça aos mais fracos, perseguindo-os e obrigando-os a morrer de fome. Mas é raro que matem seus semelhantes, a não ser por acidente. Caberia perguntar o que fizeram os homens num espaço que se tornava exíguo demais para eles. Será que foi então que a guerra surgiu e que o homem tornou-se o pior inimigo do homem? Os demiurgos não nos contam todos os seus segredos, e certos historiadores supõem que o homem muito cedo se transformou em lobo do homem — um lobo, ou pior: um *Dinofelis* com dentes de sabre. Não dispomos de qualquer comprovação arqueológica neste sentido, mas também é verdade que o contrário não pode ser categoricamente estabelecido. Mas o fato é que os demiurgos viram suas criaturas demonstrar uma extraordinária capacidade de imaginação e adaptação. Se o modo de vida natural já não era capaz de alimentar o homem, tanto pior! Ele inventou a agricultura! E, mais tarde, a criação.

Os demiurgos adoravam discutir esse espantoso acontecimento.

— Tenho de reconhecer — disse um deles — que os tantos projetos da galáxia não nos deixam muito tempo para observar a Terra, mas o pouco que pude ver nesse planeta pode ser facilmente explicado. Os caçadores-coletores de outrora conheciam perfeitamente as plantas de que se alimentavam, e também os alimentos de suas caças. Pudemos ver que plantavam para seu próprio prazer uma erva saborosa ou uma semente de arbusto, esperando colher os frutos; com isso, era possível variar e resistir aos caprichos do clima. Quando se instalou a penúria, esse conhecimento tornou-se o único meio de sobrevivência. Tanto quanto eu, você viu como os homens foram com o tempo aperfeiçoando seus métodos, até fazerem da cultura uma cornucópia de abundância da qual emana o trigo, com mil outras delícias.

— Observei outra coisa — diz sua companheira, talvez mais romântica. — Muitas vezes pude ver uma ou outra mulher rondando a casa. A melhor maneira de definir o que estava fazendo seria dizer que *experimentava*, e me agrada dar-lhe o nome de Ceres. Ela comparava a colheita de grãos de várias gramíneas, de acordo com a espécie, o solo ou a estação. Aperfeiçoava, aconselhava as vizinhas, acompanhava suas tentativas, para registrar seus êxitos e meditar sobre os fracassos. Ceres, filha de Ceres e mãe de outras Ceres em numerosas gerações, certamente gostava da minha idéia. Os humanos sobreviveram à sua própria multiplicação porque se impregnavam das leis da natureza e procuravam a ação dessas leis na terra e nas plantas."

Foi preciso que transcorressem alguns séculos para que os homens soubessem prever as condições do ano seguinte, cultivar o solo ou limpá-lo com fogo, selecionar as plantas, criar as ferramentas necessárias e aperfeiçoá-las. Só os séculos podem explicar como uma gramínea selvagem transformou-se em trigo no Oriente Médio, como uma espigueta fez-se milho no México e mediante que longa paciência o tesouro do arroz acabou abundando nos pântanos da China e da Índia. Os historiadores estimam que a densidade populacional não podia ser superior a um habitante por $10km^2$ na época Paleolítica (aproximadamente 50 mil caçadores-coletores na região hoje abarcada pela França). No período Neolítico, esta densidade multiplicou-se por centenas nas terras de cultivo de trigo e por milhares nas zonas do arroz. A esta altura, já haviam sido ultrapassadas, e muito, as possibilidades naturais da espécie humana, não sendo mais possível qualquer volta atrás para o "bom selvagem", o "Homem I".

Do campo de trigo aos impérios

Ao lado de Ceres, encontrávamos também Vulcano, o inventor, o fabricante de ferramentas. Depois da pedra polida, graças a inúmeras tentativas, à sagacidade da observação e certamente também a alguns golpes de sorte, ele descobriu como fabricar e forjar os metais extraídos da terra. A agricultura, com seus períodos de espera, permitia que se dedicasse o tempo livre à habitação, às ferramentas e ao vestuário; e também à meditação. As aldeias se expandiam e, entre seus habitantes, havia os que se especializavam na arte de fabricar ou forjar. Esses artesãos produziam uma quantidade de objetos úteis, arados, telhas, machados; outros produtos de sua arte encantavam pela beleza: jóias, cerâmicas pintadas; e outros ainda impressionavam por seu caráter sagrado: estátuas, amuletos e altares. Tanta riqueza parecia convidar à pilhagem, e não demorou para que, por toda parte, a guerra acabasse por se impor definitivamente.

A aldeia de Ceres e Vulcano transformara-se numa cidade. Com freqüência era atacada por saqueadores, mas seus habitantes, por sua vez, também saqueavam os vizinhos. Era necessário organizar-se. Como a guerra exige estrategistas — vale dizer, generais — e, naturalmente, guerreiros profissionais, surgiram castas armadas. Nos combates, enfrentavam-se inicialmente centenas de homens, e logo milhares ou mais. Ante os excessos de luto e horror, acabou tornando-se necessário envolver os deuses. Inventou-se a propaganda, e os poetas imaginaram epopéias.

"Mas isto não passa de uma orgia de sangue e lágrimas", exclamou o demiurgo ao ouvir Homero. Os versos guerreiros da *Ilíada* não tentavam dissimular as matanças e a angústia universal. Na China, na época dos Reinos Combatentes (ou seja, no século II antes de nossa era), os frios filósofos da escola dos legistas teorizavam a estratégia necessária para exércitos de centenas de milhares de combatentes, em que o soldo dos guerreiros era calculado pelo número de cabeças cortadas. Por toda parte, poetas cantavam a guerra, pensadores a pensavam, um profeta sustentava o cajado acima dos massacres, em sinal de invocação do deus dos exércitos. A mais profunda das mutações, a mutação dos espíritos, se apoderara da humanidade. E por toda parte erguiam-se impérios acima dos reinos, para em seguida desmoronarem e voltarem a proliferar como as cabeças da hidra: o império dos persas, o de Alexandre, o de Ashoka na Índia, seguido pelo dos mongóis e tantos outros, e também a China, imutável arquétipo da solidez dos impérios.

O demiurgo feminino deixou escorrer uma lágrima. "Meu paraíso está perdido. Quem poderá um dia devolvê-lo a mim?" Deixou também extravasar sua raiva. "Todos os deuses invocados pelos homens refestelam-se no sangue. A guerra instrumentaliza para seus fins tudo que o homem produz com as mãos e tudo que inventa, todas as suas idéias, sejam econômicas, políticas, ideológicas ou sociais; tudo serve para alimentar a guerra. E não se inventa nada que não acabe por servir à guerra ou glorificá-la. Eu a odeio! E não falta muito para que odeie também os homens que a disseminaram pela Terra."

O demiurgo, mais inclinado a filosofar, comentou:

"— É verdade que a guerra é um fenômeno total. Tudo que acontece na sociedade ressoa em seu capacete de bronze ou aço, e ela, por sua vez, influencia tudo que é humano. Como o fenômeno da guerra é amplo, mostra-se sensível a uma infinidade de causas extremamente variáveis, grandes ou mínimas. Como condiciona completamente a sociedade, seus efeitos fazem parte de suas causas, o que leva inevitavelmente ao que chamo de 'caos'. É matemático, minha cara.

— Mas, se você estiver certo — respondeu sua companheira —, isto significa que o horizonte estará turvo enquanto a guerra reinar sobre a humanidade; é impossível prever o que quer que seja, exceto em curtíssimo prazo e com grande risco de erro. Tudo se torna imprevisível neste seu caos, e tudo pode acontecer. Temos de fazer alguma coisa antes que Deus perca a paciência."

O HOMEM III

Chegou então outro grande momento. Para os demiurgos, os séculos são como dias, e o século XVI de nossa era estava amadurecendo quando o demiurgo, cansado de contemplar massacres e guerras, deu com a mão na testa e disse: "Tive uma idéia que considero genial, como sempre. Se o homem descobrisse as leis que governam o mundo, do Universo ao átomo e mesmo ao mundo dos seres vivos, seria capaz de conhecer a si mesmo no seio da criação e certamente alcançaria a sabedoria. Para isto, ele dispõe da necessária capacidade mental, e bastaria recorrer a discretas sugestões, que você é capaz de fazer tão bem. Seria a segunda mutação do espírito humano, a maior das duas, e o conhecimento proporcionaria a harmonia." Sua companheira aprovou entusiasticamente, e eles dividiram as tarefas. O resultado de tudo isto seria o Homem III, o sábio?

"Analisemos os fatos", disse ele. "Passaram-se já dois mil anos desde que os gregos aperfeiçoaram o pensamento egípcio, inventando a lógica, as matemáticas e o que chamavam de 'filosofia'. Ficaram tão deslumbrados que julgaram que o espírito basta a si mesmo e que, por seu simples poder, é capaz de tudo conhecer. O que, naturalmente, é ridículo quando sabemos o que é, na realidade, o espírito humano. Mas você pode observar que os homens também são muito inventivos na prática e que, desde o Neolítico, não pararam de progredir nesse terreno, ao passo que os que se dizem pensadores estão de tal maneira imbuídos do que têm na cabeça que já não sabem usar a mão. O que estou dizendo é que a mão pensa, ela mexe e remexe, experimenta, e é isto que os homens precisam entender. Dou a isto o nome de 'pensamento experimental', precisamos fazer com que o descubram. É a experiência que deve avaliar as situações, e não só o espírito. O erro dos filósofos sempre foi saltar para as idéias gerais a partir de alguns casos particulares e de cogitações mais ou menos arriscadas; não surpreende que só tenham chegado a ilusões. O que proponho, o que vou inclusive instaurar, é um trabalho de conhecimento que não poderá ser concluído numa única geração, mas em várias, em muitas mesmo, se necessário, e você verá que ele não conduzirá a um vazio, mas a princípios que a própria natureza reconhecerá como seus."

Como os demiurgos intervieram nesse ponto é algo que até hoje é um mistério. Isso se deu entre os séculos XV e XVI. Eles decidiram enviar suas sugestões, muito discretamente, a uma região das mais atrasadas, a Europa, que tinha a vantagem de ser politicamente dividida, logo, mais propícia ao fervilhar das idéias. Foi talvez graças a eles que um cônego polonês, Nicolau Copérnico, acabou se convencendo de que a Terra girava em torno do Sol, e não o contrário, como acreditava até então qualquer homem sensato. Como os demiurgos são muito hábeis com as mãos, o nosso, recorrendo a vapores de aquavita, inspirou um dinamarquês muito bem-nascido, Tycho Brahé, a construir instrumentos de mensuração que permitissem observar melhor os astros. Nunca existira até então algo tão preciso, e um jovem súdito do imperador germânico, Johannes Kepler, foi incumbido de explorar esses dados astronômicos. O demiurgo não apreciava que por contrato ele também devesse estabelecer horóscopos, mas o rapaz mostrava belas possibilidades. Certa noite, quando trabalhava até tarde e já começava a cair no sono, o demiurgo empurrou levemente sua mão, e o círculo perfeito que ele costumava traçar adquiriu uma forma ligeiramente achatada. Não é preciso mais que isso quando o espírito está preparado para se abrir. Sobretudo quando uma bela demiurga sussurra no aconchego da cama: "Não se esqueça da elipse amanhã quando acordar." Esta história é hoje comprovada pelas célebres leis de Kepler sobre o movimento dos planetas.

Os demiurgos apostaram muito em Galileu. Ele era um faz-tudo genial, qualidade muito rara na época, quando os intelectuais eram julgados por seu latim. O demiurgo sentia que era ele o indivíduo ideal para realizar a grande idéia, a idéia de chegar ao conhecimento a partir da experiência. Era uma idéia simples, mas que ia de encontro às convicções filosóficas da época. Certo dia, devaneando numa igreja, Galileu foi hipnotizado pelas lentas oscilações de um lustre movido pelo demiurgo. "Existe aí uma lei", pensou ele, mergulhando no trabalho. Seu triunfo consistiu em descobrir a lei que governa a queda dos corpos, e o demiurgo ficou encantado ao ouvi-lo pronunciar a célebre frase: "O livro da natureza está escrito na língua das matemáticas." Infelizmente, nada pôde fazer quando Galileu foi condenado pela Inquisição, mas ele e sua companheira prestaram depoimento como especialistas, convocados pela acusação, quando os juízes do processo romano foram, por sua vez, julgados no Tribunal celeste.

As últimas intervenções dos demiurgos foram mais discretas. Descartes revelou-nos a importância de certos sonhos que o inspiraram; alguém tem dúvida sobre quem os provocou? Também havia algo de capricho na maneira como o demiurgo fez, certo dia, com que uma maçã caísse diante dos olhos de Newton: caberia perguntar como é que ninguém notou a evidente alusão a Eva. O demiurgo resolveu dar um basta quando viu a companheira afastar as moscas dos punhos de Buffon,* de tal maneira que ela apreciava seu estilo. Seja como for, o plano para conduzir à sabedoria por intermédio do conhecimento estava em andamento, e, em tese, já não era necessário intervir.

---

*Georges Louis Leclerc de Buffon, escritor e naturalista francês cujo estilo pomposo fez com que se dissesse que só escrevia de casaca de seda e punhos de renda. (*N. do T.*)

um fracasso?

Depois do dever cumprido, o sono dos demiurgos foi longo e tranqüilo, mas tanto mais brutal seria o despertar. O anjo das batalhas, arquétipo dos sentinelas e reservista dos apocalipses, vociferava ao pé da cama do casal como um despertador celeste. "Muitíssimo bem!", gritava, "estão mesmo de parabéns! Fiquem sabendo que vão ter o seu *dies irae*, o grande dia da ira divina. É bom que saibam que os homens estão na mira de Deus [esta expressão do anjo certamente se devia a seus hábitos militares]. Hoje em dia eles já sabem o suficiente em matéria de meteorologia e não cairiam de novo no golpe do dilúvio universal, mas o Senhor dos exércitos está prontinho para lançar sobre eles um aerólito tirado da cintura dos asteróides. Ele só lamenta não ter desviado o que destruiu os dinossauros há sessenta e cinco milhões de anos [tanto tempo, já...], pois criaturas que dariam origem ao rouxinol não podiam ser tão estúpidas nem tão perigosas quanto os homens. Venham, portanto, contemplar a obra que vocês legaram!"

Tremendo ante a idéia do que estavam por descobrir, os demiurgos olharam a Terra, e sabemos muito bem o que viram. Nada menos que duas guerras mundiais, uma das quais concluída com a bomba atômica, campos de extermínio, a fome que não tem fim, o planeta em processo de devastação e seus tesouros dilapidados. Ricos empanturrados como as coortes de Sardanapalo em meio a bilhões de pobres. E também maravilhas inacreditáveis, conhecimentos preciosos, mas aviltados, "misturando marfim e cacos de vidro", e ainda esperanças à altura dos medos, imensas possibilidades e, ao mesmo tempo, a impossibilidade de voltar atrás. Uma mutação, mais uma vez a mais prodigiosa e a mais perigosa, entrara em ação. Os demiurgos viam a história humana transformar-se num turbilhão imprevisível mas feroz, levado pelos ventos de um saber descontrolado. O que viram

Eram enormes ventos em toda a superfície do mundo,
Enormes ventos eufóricos pelo mundo, sem eira nem beira,
Sem cuidado nem medida, e a nós deixavam, homens de palha,
No ano de palha em seu rastro... Ah! sim, enormes ventos sobre todo ser vivo!
Pois todo um século se propagava na secura dessa palha, já sem vagens, sem síliquas, sem coisas frementes,
Como uma grande árvore em suas cordas e seus andrajos do outro inverno, vestindo o uniforme do ano morto;
Ah, enorme árvore da linguagem cheia de oráculos, de máximas e murmurando murmúrio de cego de nascença nos quincunces do saber.[2]

Mas Deus aparentemente resolve dar uma última chance aos demiurgos e aos homens. Sua última mensagem é ao mesmo tempo lacônica e ameaçadora: "O que é que propõem? Caso contrário..." Conformados, os demiurgos lançaram mão de compassos e lápis, mas deixaram de lado os bisturis, depois de um instante de hesitação. Numa folha em branco, ele escreveu, em letras grandes: "Homem III." E os dois se olharam, mais perplexos que nunca. E quem não estaria, em seu lugar?

[2] Saint-John Perse, *Vents*.

Capítulo 2

A CHAVE DA MODERNIDADE: A SEGUNDA MUTAÇÃO HUMANA

Quem somos, nesses tempos em que tudo muda? Seríamos ainda Homens II, Neolíticos, desorientados por acontecimentos que não compreendemos, ou já seríamos embriões de Homens III? Pouco importa. Em compensação, não pode haver dúvida de que cada um de nós abriga uma transformação total, ou seja, uma mutação. Todos podemos sentir ou pressentir isso, e esta constatação nada tem de espantoso. A maioria dos historiadores reconhece que assim é, embora com diferentes nuances. Concordam igualmente com o fato de que a humanidade já passou por outra mutação, a do Neolítico, há mais de dez mil anos. Caberia perguntar se a que hoje ocorre é tão importante quanto a anterior ("de igual magnitude", como se diz de um terremoto), menos importante ou se acabará sendo mais ainda. As opiniões divergem, mas, de nossa parte, acreditamos que os dois acontecimentos são no mínimo comparáveis, e que este a que hoje assistimos é muito mais brutal. Seu tempo de ação, com efeito, é contado em séculos, e talvez até menos, à medida que tudo se precipita, ao passo que a mutação neolítica desenrolou-se de maneira profunda, ao longo de milênios.

Julgamos entender a natureza e a causa da mutação Neolítica. Mas e a nossa? Parece-nos possível afirmar que ela decorre essencialmente do surgimento e da expansão da ciência. Para ser mais precisos, não atribuímos esta origem à própria ciência (que não passa de uma atividade humana comparável a outras), mas ao extraordinário butim que ela recolhe em suas explorações. É possível, com efeito, comparar a pesquisa científica com uma espécie de viagem de iniciação além dos limites da aldeia humana, uma exploração do extra-humano, no sentido em que também falamos de extraterrestres. O extra-humano é ao mesmo tempo o Universo, os segredos da matéria e os mecanismos sutis da vida, tudo que transcende o círculo de nossos cinco sentidos, revelando-nos a nós mesmos como seres semelhantes a todos os outros seres vivos, modelados como a bactéria e o inseto num limo depositado no espaço há bilhões de anos por estrelas mortas.

o debate sobre a origem da modernidade

Verifica-se uma mutação da humanidade que tem a ver com as descobertas da ciência. É esta a idéia, ou a tese, se quiserem, que serve de fio condutor a este livro. Ela pode parecer de difícil aceitação, e, quando a expomos a pessoas de cultura literária, raramente sua reação é favorável. Assim é que nosso amigo Sabetudo, versado em história e filosofia, recusa-se a falar de mutação, preferindo empregar a palavra modernidade. Respondemos-lhe que pouco importa: a mutação é uma espécie de incêndio que começa na palha da modernidade no século XVII e se espraia com o século XX. Podem ficar falando, retruca Sabetudo, mas tudo que tem a ver com a origem da modernidade e suas conseqüências é um tema mais que batido, repisado em lições de filosofia e história que vocês deviam se dar ao trabalho de ler.

Pois bem, vamos ler! Os historiadores parecem de acordo a respeito de uma causa essencial e única da primeira mutação, a do Neolítico, por eles atribuída a um encolhimento do espaço humano. Mas que dizem sobre a mutação atual, ou seja, a causa da modernidade? Curiosamente, não a atribuem a uma causa específica, determinante, mas a uma convergência de múltiplas causas, concomitantes mas acidentais, como se um feixe de acasos tivesse surgido por coincidência e isso bastasse para que a sociedade se transformasse em escala planetária, em menos de vinte gerações.

Podemos concordar com Sabetudo que é de bom alvitre distinguir o início da época moderna da expansão irresistível que começa no século XIX e se consuma no século XX. O início pode ter sido mais ou menos acidental, como tantos outros fatos da história, mas o incêndio final, a explosão, tem a ver, em contrapartida, com uma causa única estreitamente ligada à ciência. Não afirmamos que esta causa seja a ciência, isto é, uma atividade humana que efetivamente ganha impulso com a modernidade. Trata-se antes de um encontro que era inevitável em algum momento, quando a humanidade finalmente vislumbrasse as prodigiosas leis da natureza. O poder conferido por este conhecimento foi explorado freneticamente, e é isto que chama a atenção dos historiadores quando também falam, por sua vez, de mutação. Mas a descoberta das leis do Universo foi, no sentido próprio, um acontecimento de dimensão cósmica, sem equivalente em qualquer outro acontecimento da história.

AS CAUSAS RECONHECIDAS

Num livro admirável, Jean Baechler enumerou as diferentes causas da modernidade identificadas pelos historiadores. Resumindo, tratar-se-ia de um concurso de circunstâncias específicas da Europa do Renascimento: um avanço da razão, de que a ciência é componente importante mas não único, uma diversificação dos poderes, particularmente o do capitalismo, o crescimento da idéia de democracia e, finalmente, a crescente importância do indivíduo em relação à sociedade.

Caberia discutir a questão das circunstâncias. Houve as circunstâncias da geografia, constituindo a Europa um mundo difícil de submeter, e cujos povos, diversos e indóceis, cultivavam suas diferenças. Essas circunstâncias não permitiam a constituição de um império uniforme. Todas essas características contribuíam para a existência de centros múltiplos de poder: reinos, principados, cidades e alguns outros. Houve também a herança do pensamento grego, sempre presente como um fermento latente e testemunha inesquecível de uma primeira tentativa de modernidade abortada. Naturalmente, a guerra foi uma circunstância permanente e uma eterna geradora de casualidades.

Outra suposta causa, o avanço da racionalidade, descortina várias pistas. A pista, por exemplo, da filosofia crítica, cujas fontes remontam, naturalmente, à Grécia antiga, mas também ao pensamento medieval. Assim é que Lutero mostrou em 1517 que um teólogo solitário podia inflamar a Europa a ponto de dividi-la em duas metades, católica e protestante. Esta divergência doutrinária conferia maior liberdade pessoal, que por sua vez podia assumir várias formas, entre elas a de um pensamento racional rompendo com a tradição. Podia manifestar-se então o espírito cartesiano.

A racionalidade engendrou também a ciência, que inicialmente foi apenas um aspecto dela. Os homens já dispunham das matemáticas inventadas pela Antigüidade grega e aperfeiçoadas pelos algebristas árabes. Esta ferramenta foi suficiente para que Copérnico sugerisse, em 1543, que o Sol estava no centro do mundo. A idéia era de uma esplêndida ousadia, rejeitando dois mil anos de aristotelismo e passando por cima da letra bíblica. E, por sinal, não seria possível exagerar, a este respeito, a força assim manifestada pelo pensamento matemático, permitindo que um homem superasse os pressupostos religiosos e filosóficos para se deixar guiar exclusivamente pela necessidade de clareza.

A simplicidade do novo sistema ainda não era evidente, vindo a impor-se quando Kepler descobriu, pouco depois de 1600, as leis que governam o movimento dos planetas. Ele resolvia dessa maneira o problema científico mais antigo e mais sistematicamente perseguido pela Antigüidade. Na mesma época, Galileu fornecia a verdadeira chave das ciências, a ascese de experiências escrupulosas e sistemáticas, submetidas a uma reflexão teórica rigorosa. Considera-se, em geral, que a modernidade começa nesse preciso momento.

Os historiadores mencionam também a crescente independência de diferentes poderes, à frente deles o capitalismo. Como o poder absoluto da Igreja começasse a resvalar para o controle do Estado político, as diferentes "ordens" da sociedade sentiram-se liberadas: a ordem religiosa, a financeira, a industrial, a judiciária etc. Essas ordens ainda podem ser chamadas "estados" (clero, nobreza e terceiro estado) ou, para quem é marxista, "classes sociais", ou ainda, para quem se pretende pós-moderno, "grupos de pressão", o que pouco importa para nossa tese.

O que importa, a este respeito, é o aumento da força da idéia de democracia, que alcança todo o seu brilho no fim do século XVIII, com a Constituição dos Estados Unidos e a Declaração dos Direitos do Homem e do Cidadão na França, substituindo o absolutismo monárquico pelo sistema representativo.

De maneira correlata, o indivíduo autônomo torna-se o ponto de partida da ética, da política e da arte. Mas será que consistiriam mesmo em causas ou efeitos, ou mesmo em um concurso de circunstâncias? Será que depois disso entendemos melhor o alcance da mutação atual e seu sentido profundo? Somos mais capazes de prever o que nos espera? Não seria necessário investigar mais? É o que achamos.

A curiosa história de um matemático

Antes de prosseguir, e para balizar o caminho que nos resta percorrer, eis aqui a história de Srinivasa Ramanujan (1887-1920), que nasceu no sul da Índia, então a jóia do império de Sua Majestade britânica. Ele freqüentara as aulas de um colégio de sua cidade natal, onde revelou excepcionais dons para as matemáticas. Infelizmente, os modestos recursos de sua família não permitiam pagar seus estudos universitários na Inglaterra, para seguir uma carreira científica de baixa remuneração, e ele teve de se conformar com um modesto emprego burocrático. Foi então acometido por um tédio que beirava o desespero, e o maravilhoso e solitário jogo que consistia em ficar imaginando intermináveis questões matemáticas já não bastava para distraí-lo. Aos 26 anos, em desespero de causa, ele escreveu a um célebre matemático de Cambridge, Godfrey Hardy, para pedir ajuda. Anexou à carta uma relação de cerca de vinte resultados que obtivera em questões de álgebra e teoria dos números.

Hardy ficou estupefato com as folhas cobertas de equações. Algumas delas eram elementares, do nível de um primeiro ciclo universitário. Outras só recentemente haviam sido descobertas, tendo recebido nomes de matemáticos conhecidos. Hardy chegou a se perguntar se não estaria diante de um impostor tentando usurpar louros alheios. Mas havia ali equações que não conhecia e que tampouco eram conhecidas de seu colaborador mais próximo. Ambos precisaram de vários dias de trabalho para demonstrar a maioria delas, tendo de reconhecer que talvez não fossem capazes de imaginá-las. Uma ou duas equações, inclusive, resistiram a suas tentativas de demonstração e também às de refutação. Hardy tomou sua decisão nos seguintes termos: "Como os matemáticos geniais, afinal de contas, são menos raros que os falsários geniais, escrevi a Ramanujan para proporcionar-lhe recursos para vir a Cambridge."

Quando esses extraordinários homens aprenderam a se conhecer melhor, o espanto de Hardy não teve mais limites. Ramanujan demonstrava extraordinária criatividade e, pondo-se em dia com as matemáticas da época, passou a ter idéias de incrível profundidade. Seus conhecimentos eram limitados, datavam de mais de um século e tinham caráter surpreendentemente disperso. Além disso, embora ele concebesse com facilidade resultados notáveis, muitas vezes era incapaz de demonstrá-los. Pior ainda, havia indícios de que não compreendia a própria idéia da demonstração.

Ele comunicou então a Hardy seu mais íntimo segredo. Cultivava uma devoção especial a uma deusa do panteão hindu, que, em contrapartida, lhe proporcionava ajuda e proteção. Ela lhe aparecia em sonho para acalmar os tormentos de seu espírito inquieto, murmurando-lhe segredos matemáticos de uma deliciosa beleza, às vezes uma equação perturbadora, outras, uma estrutura do mundo tal como contemplado pelos deuses. Infelizmente, o clima da Inglaterra não fazia bem ao jovem tâmil, que acabou sendo levado pela tuberculose. Ramanujan morreu em Cambridge menos de sete anos depois de ali ter chegado, e sua deusa, sem dúvida, recebeu-o para sempre em seu regaço.

AS EXPERIÊNCIAS DE PENSAMENTO

No mesmo registro lúdico, gostaríamos de evocar Einstein. Não era um matemático excepcional, ao contrário do que se costuma dizer, mas tinha admirável imaginação teórica. Foi ela que o levou a sonhar com situações estranhas, que, em seu caso, originavam idéias simples e profundas. Quando era jovem, pouco antes de inventar a primeira teoria da relatividade (a da chamada "relatividade restrita"), ele tentou imaginar o que veria um viajante num trem atravessando o espaço na velocidade da luz, ou quase. E o que aconteceria se a velocidade da luz fosse de apenas cem quilômetros por hora? Mais tarde, quando trabalhava na segunda teoria da relatividade, abarcando a gravitação (ou seja, a relatividade geral), ele veio a refletir sobre as impressões de um homem que estivesse fechado num elevador em queda livre. Como é que este homem poderia saber se estava caindo sob o efeito da gravidade ou se, livre da gravitação, era simplesmente acelerado por um motor que impulsiona o elevador?

Essas "experiências de pensamento" não são privilégio de Einstein; foram utilizadas por outros antes e depois dele. Que aconteceria se todas as forças de gravitação fossem multiplicadas por mil, se um átomo fosse do tamanho de uma bola de futebol ou se fôssemos espectadores do nascimento do Universo? Esse tipo de exercício liberta o espírito de hábitos arraigados e idéias preconcebidas, servindo às vezes para aquele estalo que nos abre o campo de uma idéia profunda. As célebres "relações de incerteza", que controlam as possibilidades de pensar o mundo microscópico quântico, surgiram dessa maneira. Heisenberg, seu inventor, imaginara um microscópio extraordinário, capaz de observar um elétron único. Num congresso realizado em Bruxelas em 1927, reunindo os maiores físicos da época, dois amigos de opiniões divergentes, Einstein e Bohr, acertaram suas diferenças durante dois dias recorrendo exclusivamente às armas das experiências de pensamento. Um deles saiu vencedor — e dessa vez não foi Einstein —, e hoje o episódio ocupa lugar de destaque na história das ciências.

A história de Ramanujan e a de Einstein permitem-nos imaginar como poderiam ser as leis da natureza, ou como as teríamos descoberto, se o mundo extra-humano tivesse sido diferente. Esse inspirado método das experiências de pensamento mostrará que, em tais condições, não teria havido nem modernidade propriamente dita nem segunda mutação. Podemos dizer, portanto, que foi efetivamente a descoberta das leis da natureza pela humanidade a verdadeira chave da modernidade.

o papel da racionalidade

Começaremos invertendo a ordem geralmente aceita entre racionalidade e conhecimento das leis da natureza. Pode parecer paradoxal, e nem é preciso dizer que não preconizamos uma ciência desenvolvida por meio da prece, do jejum e da abstinência (oh! especialmente não a abstinência). Propomos simplesmente uma experiência de pensamento para desinflar, se for possível, a admiração que o homem tem por si mesmo, como se fosse ele que votasse as leis do cosmos.

Imaginemos que o curso da história tivesse sido um pouco diferente do que foi na realidade, à exceção do método seguido pelas ciências. Admitamos portanto que as etapas e os resultados destas tenham sido exatamente iguais aos que conhecemos. Galileu e Newton teriam realmente descoberto as leis do movimento, Young e Fresnell, as da ótica, Ampère, Faraday e Maxwell, os princípios da eletricidade e do magnetismo etc., incluindo neste "etc." todas as leis que foram descobertas, em qualquer ciência, entre o século XVII e o início do século XXI. A história das ciências teria sido exatamente a mesma que conhecemos, à parte uma questão de método que introduzimos agora e que é objeto de uma "experiência de pensamento" aplicada à história moderna.

Nesta hipótese, todos os resultados teóricos com alguma importância em ciência teriam sido revelados em sonho a seus autores, de acordo com o que poderíamos chamar de "método" de Ramanujan. Assim, uma vez sugerida uma lei da natureza por uma amigável deusa (por exemplo, nossa amiga a demiurga), os teóricos poderiam deduzir por meio do cálculo todas as conseqüências de algo que não passaria de uma hipótese. Poderiam também eximir-se de estabelecer a coerência dessas leis, considerando que o problema era das deusas e que bastava ser visitado pelo sonho favorável. A ciência permaneceria, entretanto, perfeitamente empírica, pois os fatos experimentais, provocando um desejo de entender independente dos sonhos, teriam suscitado confidências divinas sobre as boas idéias teóricas, na exata ordem histórica em que tudo efetivamente aconteceu. Como certos sonhos se revelassem enganosos ou fossem mal interpretados, as verificações experimentais teriam sido mais necessárias que nunca, sendo sempre efetuadas com o necessário rigor.

Se voltarmos então às causas da modernidade, constatamos ao mesmo tempo certas constantes e uma nítida mudança de foco. Essa outra história da ciência, imaginária, teria tido o menor efeito possível sobre o avanço da democracia e a afirmação do indivíduo? Certamente não. O comportamento das diferentes ordens da sociedade teria sido diferente, mais ou menos autônomo e racional? Cabe supor que não. O funcionamento dos mercados não teria mudado; ter-se-ia desenrolado de maneira racional, sem recorrer a sonhos inspirados. As investigações dos policiais, os interrogatórios dos magistrados, as decisões dos prefeitos e dos governos teriam sido tão razoáveis (ou absurdas) quanto costumam ser. Pode-se mesmo supor que o "método Ramanujan" não teria logrado êxito algum entre historiadores, sociólogos, economistas nem qualquer outro especialista das ciências sociais e humanas, de tal maneira que nada teria sido alterado na evolução dessas disciplinas.

Assim é que a racionalidade, apresentada por tantos historiadores e filósofos como uma causa da modernidade, teria podido continuar a se propagar na sociedade, com a única exceção da ciência propriamente dita. Cabe inclusive supor que fosse maior que nunca. De fato, comparando o desempenho dos astrólogos e videntes com o dos cientistas sob a inspiração dos demiurgos, os clientes dos vendedores de ilusão os teriam deixado de lado. Políticos eminentes, corretores da bolsa, estrelas aduladas e uma certa banca examinadora de sociologia que causou polêmica ter-se-iam voltado ao culto da deusa Razão. A sociedade teria sido mais racional que nunca, e talvez mesmo excessivamente, chegando a dar preferência a histórias mágico-científicas sobre os bons e velhos filmes de estupro e matanças. Por toda parte, a letra "X" significaria apenas o símbolo da álgebra, e não mais o da pornografia, que nenhum demiurgo teria coragem de promover.

Que podemos deduzir dessa brincadeira? Se voltarmos a Leibniz e imaginarmos todos os mundos possíveis, este que acabamos de contemplar sugere, em princípio, que há independência entre a descoberta das leis da natureza e todas as causas que os historiadores e filósofos atribuem à modernidade. Agora então, se conseguirmos demonstrar que leis diferentes teriam solapado a modernidade, nossa tese estará bem alicerçada.

AS OUTRAS CAUSAS

Imaginemos agora outra experiência de pensamento, em que as leis da natureza não tivessem a mesma exatidão. Suponhamos que se tivesse descoberto (por exemplo, com as primeiras locomotivas) que as leis da mecânica estariam sujeitas a uma certa dose de acaso, tanto mais acentuada quanto maiores fossem as massas. Este caráter aleatório das leis também afetaria as reações químicas, verificando-se, por exemplo, uma ou duas explosões brutais para cada milhar de tonelada queimada na combustão do carvão ou da gasolina; a eletricidade, por sua vez, estaria sujeita com freqüência a relâmpagos perigosos e imprevisíveis. Multipliquemos os exemplos desses acasos funestos e incontroláveis, numa espécie de filme-catástrofe em que as leis da natureza existiriam, mas somente até certo ponto. O risco de erro em sua aplicação tornar-se-ia insuportavelmente elevado, a menos que nos cercássemos da maior prudência, trabalhando sempre com quantidades modestas de matéria, limitando-nos a velocidades nunca superiores à de um cavalo e sem gastos excessivos de energia. Desse modo, continuaríamos necessariamente na tradição neolítica. Podemos supor inclusive que a natureza não exibiria qualquer aberração quando a deixássemos seguir tranqüilamente seu curso. Em suma, seria o fim do velho conflito entre Zeus e Prometeu, já agora decidido por um decreto peremptório do deus, afixado na porta do cofre contendo os segredos do mundo: "Favor circular, nada há para ver!"

É difícil saber se tais condições poderiam afetar a democracia, o individualismo, o grau de autonomia das ordens da sociedade ou a racionalidade dos negócios humanos; esta talvez fosse simplesmente corrigida, com um pouco mais de prudência em relação à natureza. Em compensação, podemos estar certos de que o capitalismo seria idêntico ao que foi em certos países, em outros tempos, antes da era industrial, quando surgiu esporadicamente na China, no Japão, na Índia e nas cidades medievais da Europa, em que sabemos ter dado alguns passos para em seguida desaparecer. Assistiríamos de novo a este fracasso, pela simples impossibilidade de um crescimento econômico substancial, num mundo em que a indústria seria excessivamente onerosa e incontrolável. A importância histórica do capitalismo seria reduzida a muito pouco, e sua contribuição à modernidade haveria de aproximar-se do zero.

No fim das contas, portanto, a modernidade pareceria efetivamente decorrer de causas diferentes daquelas que habitualmente lhe são atribuídas. Entretanto, ante a inexistência de leis da natureza dignas de confiança, e sem que estas pudessem ser descobertas pelo homem, ela nunca teria passado de um episódio sem importância na história do mundo.

A ciência interiorizada

Nossa tese também enfrenta às vezes outra objeção, além da que é levantada pelo esperto Sabetudo. É a objeção de nosso amigo Poucoligo, que nos diz: "Eu sou um artista (ou um espírito prático, ou um puro 'literato') e não tenho o menor interesse pela ciência. Posso perfeitamente viver sem ela. Reconheço que a técnica pode ser importante na vida moderna, mas nada mais. E, de qualquer maneira, recuso-me a admitir, melhor ainda, a simplesmente considerar a hipótese de que a ciência seja capaz de me influenciar, me transformar, como diriam vocês. Ela não interfere em absoluto no meu pensamento."

A filósofa Hannah Arendt chegou inclusive a classificar todos os intelectuais de hoje na categoria de Poucoligo, diagnosticando neles uma "corrida precipitada" coletiva que os projeta em bando ao abismo, de cabeça baixa. Não chegamos a tanto. Entre os que estão convencidos de que a humanidade está em processo de mutação, há quem não dê muita importância à ciência. É o caso, por exemplo, de muitos "futurólogos", que raramente merecem muito mais atenção que as videntes. Há também os sonhadores da *New Age*, que vaticinam com base em estranhas causas astrológicas; passando do decanato de Peixes ao de Aquário, supostamente estaríamos crescendo espiritualmente. Valha-nos santa Lorota! E no entanto... No entanto, a idéia de um acontecimento cósmico é menos absurda do que parece, se é verdade que a descoberta do Universo e das leis pela humanidade desempenha um papel determinante na modernidade, inclusive na atual explosão tecnológica.

Mas será que Poucoligo é capaz de reconhecer? Ele afirma admitir sem problema que as técnicas derivadas da ciência desempenham um papel essencial na história atual da Terra e da humanidade; sabe perfeitamente que essas técnicas condicionam a existência da maioria dos homens; a superpopulação, a poluição e o esgotamento dos recursos têm a ver com elas. Mas se recusa a acreditar que a consciência das leis tenha qualquer importância, como explica: "Como meu pensamento poderia ser influenciado por leis que eu ignoro e que nunca fizeram parte da minha reflexão?" Ele quase chega a pensar que a idéia de uma causa tão abstrata para um acontecimento tão manifesto vem a ser um belo exemplo da mente tortuosa dos cientistas. Depois de um ou dois tragos, chega mesmo a citar o papagaio Laverdure, de *Zazie dans le métro*, dizendo: "Palavras, palavras, é só o que você sabe!" E, no entanto, caro amigo, olhe para si mesmo. Você diz que não sabe nada de ciência e que pouco está ligando para ela. Pois é mentira! Muito pelo contrário, você está impregnado dela, e ela pode ser terrivelmente perniciosa enquanto continuar confinada nesse nível que mal chega a ser consciente. "Está querendo me psicanalisar?", pergunta ele, dando risada. Psicanalisar seria exagero. Vamos apenas citar alguns exemplos para mostrar de que maneira a ciência impregna todas as consciências modernas, muitas vezes, infelizmente, de maneiras distorcidas que inviabilizam toda e qualquer lucidez.

A Terra gira

O primeiro exemplo diz respeito ao lugar do homem no cosmos. A história remonta ao século XVI, quando Nicolau Copérnico, o cônego polonês com queda para a matemática de que já falamos, divulgou em 1543, pouco antes de morrer, uma notícia estranha: a Terra gira. Ela gira em torno de si mesma e circula ao redor do Sol. Cinqüenta anos mais tarde, a Inquisição — zelosa guardiã das verdades autorizadas — percebeu as implicações da idéia, e os trovões da santa ira caíram sobre o homem que a divulgava, Galileu.

Cabe lembrar que certas conseqüências já haviam sido identificadas por Giordano Bruno, um desses esplêndidos pensadores do Renascimento que tão ardorosamente desejavam conhecer que, nesse empenho, chegavam ao ponto de sacrificar a própria vida. Se a Terra gira em torno do Sol sem que por isto as constelações pareçam deformar-se, quer dizer que as estrelas se encontram a distâncias enormes, muito maiores que a da Terra ao Sol. Mas se ainda assim continuamos a ver a luz dessas estrelas, é porque elas são muito brilhantes, tanto quanto o Sol. Decorre, portanto, a idéia evidente de que o Sol é uma estrela entre inúmeras outras. As conseqüências teológicas eram consideráveis, não tendo escapado ao ex-dominicano Bruno. Se o mundo fechado explode no infinito, onde vão parar o assento de Deus no céu e o lugar do Paraíso? E se existem outros mundos habitados girando ao redor de outros sóis, onde vai parar a encarnação do filho de Deus nesta Terra? Bruno levou a análise a ponto de proclamar que Deus se confundia com a Natureza. Era o "panteísmo", blasfêmia passível de pena de morte. Assim foi que Bruno teve um fim cruel, queimado vivo, e até hoje seu processo não foi revisto.

O processo de Galileu, ocorrido pouco depois, foi uma grandiosa tragédia. Defrontavam-se duas visões do mundo, é bem verdade que de forma desigual, pois só uma delas dispunha da fogueira, em caso de necessidade. As provas teológicas da imobilidade da Terra eram das mais acanhadas, e foi necessário recorrer a uma longa permanência do Sol acima de uma planície, durante a campanha de Jericó, na qual o deus dos exércitos deteve a luminária celeste por tempo suficiente para concluir o massacre. Este argumento, por sinal, evidencia a existência de um outro dado: os milagres.

A visão de mundo dos teólogos era tão determinada pela Bíblia quanto pelo pensamento de Platão e Aristóteles. Eles enxergavam o mundo fechado numa esfera, movida pelo próprio Deus, carregando as estrelas como buracos luminosos ou aberturas por onde se filtrava o esplendor divino. Era lá, no céu, que estava a morada da perfeição, enquanto a Terra ficava imóvel no centro, esmagada pela gravidade e ainda mais assoberbada pelo peso dos pecados, acocorada sob o olhar divino. Em contrapartida, se se admitisse que ela se movia, nosso planeta tornava-se um astro, pressupondo o seu movimento uma lei superior. Assim, o processo de Galileu punha em jogo nada menos que a própria imagem do mundo, os mitos celestes e paradisíacos, a onipotência de Deus, a existência dos milagres e a fonte da autoridade que decidia a verdade: o dogma ou a experiência? Desde Sócrates, nenhum julgamento fora tão exemplar, e Galileu foi condenado. De certa maneira, ele foi condenado a pelo menos quatro séculos de glória, e seus juízes, a uma sentença não menos longa de ignomínia. É um alívio que João Paulo II finalmente tenha revisto seu processo.

A invenção da luneta astronômica, seguida pelos primeiros telescópios, logo viria a decidir os litígios da astronomia, confirmando a imensidão do Universo. Certos espíritos foram então tomados por um verdadeiro sentimento de agorafobia cósmica; um breve pensamento de Pascal permite-nos sentir essa angústia: "O silêncio desses espaços infinitos me apavora." Note-se que apavorar tinha na época o sentido que hoje conferimos a "aterrorizar". Observe-se também que o que inspira terror a Pascal é o silêncio. Não é o físico que se manifesta nele, embora tenha ele próprio estabelecido a existência do vácuo, um dos motivos de sua eterna glória. O vácuo é por sua própria essência um lugar de silêncio, pois os sons consistem em uma vibração de matéria, de uma corda, de um metal ou do ar; é necessária alguma matéria para que os sons sejam transmitidos. Para Pascal, a questão é mais profunda; caso contrário, ele teria falado da causa (o vácuo) e não do efeito (o silêncio); quem exprime sua angústia é o místico, e não o cientista: onde ouvir a palavra de Deus na imensidão do vácuo? A falta de medidas do Universo seria aos poucos percebida por um número cada vez maior de indivíduos. Hoje, tornou-se evidente, pois todo mundo já teve diante dos olhos fotos prodigiosas de galáxias e quasares, ou o véu das nebulosas projetado no vácuo por estrelas moribundas, enquanto outras estrelas vão nascendo.

Que é então o homem no Universo imenso e como ele pode pretender conhecer a si mesmo? Como deixar de reconhecer que, desde Copérnico, as religiões e as filosofias se perdem num espaço que se tornou vasto demais para elas, e que não fora anunciado por revelação alguma? Que consciência seria capaz de dizer-se indene a essa ferida, a menos que esteja mergulhada no torpor?

LEIS MAL COMPREENDIDAS

O conhecimento das leis naturais permitiria prever o futuro, grosso modo ou em seus detalhes? A resposta dos cientistas às vezes é positiva, quando a pergunta é bem formulada e quando dispomos das informações necessárias, mas em geral ela é negativa. Isto surpreende aqueles que têm uma imagem mágica da ciência. Até o Renascimento, costumava-se reservar o nome de ciência à faculdade de prever, que vamos encontrar nas "ciências ocultas". E com efeito, como deixar de prever, quando basta para isto observar o vôo dos pássaros, as entranhas das galinhas, interpretar sonhos, uma data de nascimento ou as linhas das mãos, ou então consultar o I ching, usar um baralho de tarô, uma bola de cristal, observar as oscilações de um pêndulo, levando em conta, se necessário, a espessura das cebolas e a cor da Lua, sem esquecer de ler com toda seriedade o livro do Apocalipse, as *Centúrias,* de Nostradamus, e a lista dos papas de Malaquias?

São aqueles que menos conhecem a ciência que a identificam com a exatidão das predições. É bem verdade que os próprios cientistas trilharam esse caminho por longo tempo, o que deixou traços: é a longa história do "determinismo". Depois que Newton estabeleceu as leis do movimento sob a forma de algumas equações, certas mentes curiosas notaram que elas tinham uma propriedade algébrica. Se o estado de um objeto mecânico (por exemplo, um planeta, um carrinho de mão, uma nuvem ou um relógio) em determinado instante é conhecido e esse objeto não é tocado, sua evolução posterior é *exatamente* determinada. Isto é uma verdade, e seria difícil imaginar, por exemplo, a possibilidade de satélites artificiais voando no espaço sem essa faculdade de prever seu movimento. Foram reflexões dessa natureza que levaram renomados cientistas, entre eles Laplace, no início do século XIX, ao determinismo.

A tese filosófica do determinismo é assim enunciada: as leis da matéria e do movimento são universais, e, segundo elas, o estado da totalidade do que existe no mundo em certo instante determina exatamente o que acontecerá em seguida. Resumindo, tudo estaria escrito nos dados de um único instante. Esta doutrina, inicialmente científica, acabou impregnando as mentalidades, nelas imprimindo uma representação das leis da natureza como se fossem regras infalíveis, governando mecanismos implacáveis.

Acontece que hoje em dia o determinismo está com as asas amarradas. Saiu completamente dos trilhos no nível dos átomos, por causa dos fenômenos quânticos. Sua capacidade de prever também pode revelar-se ilusória, às vezes inclusive naquelas questões em que são válidas as leis de Newton. A esse respeito, costumam ser citadas as leis dos movimentos da atmosfera, ou seja, a meteorologia. Certos matemáticos analisaram essas leis mais detalhadamente que Laplace e constataram um fato curioso. O estado da atmosfera (do mar, do Sol etc.) em certo dia e certa hora efetivamente determina seu estado posterior, mas num sentido totalmente inútil. Com efeito, seria necessário conhecer o estado inicial com uma precisão absolutamente impossível para obter previsões precisas; melhor ainda, seria necessário conhecer um número infinito de dados, com uma infinidade de números para precisá-los. Esta impotência é ilustrada pela borboleta de Lorentz, um dos primeiros matemáticos que estudaram essas questões. Bastava o bater de asas de uma borboleta no Brasil, dizia ele, para que a previsão mudasse de um tempo calmo, dez dias depois, para a formação de um ciclone em algum lugar da Indonésia.

O exemplo de Lorentz muitas vezes é mal compreendido. Ele é interpretado equivocadamente, como se os cientistas estivessem dizendo que as borboletas são a verdadeira causa dos ciclones. Mas não é assim que devemos interpretá-lo, responderia um matemático, como o César de Pagnol falando ao ingênuo Escartefigue: "Você não entende. Estávamos conversando cientificamente." O que Lorentz expunha não passava de um exemplo de fenômeno "caótico", vale dizer, de certos sistemas cujas *equações* têm soluções que, passado um instante, tornam-se incontroláveis, e ninguém pode fazer nada. Conhecer as leis de um mecanismo nem sempre permite dizer com certeza como ele funciona, mesmo em tese. Existe muito desse caos na natureza, e logo veremos que é bom que assim seja.

Fechemos esses parênteses para voltar aos estragos causados pelo determinismo nas mentalidades. Um dos exemplos mais infelizes é o de Karl Marx. Era incontestavelmente um homem de grande inteligência, mas ele sofria, como todos nós, as influências do espírito do tempo. Esse espírito era o do cientificismo do século XIX. Como a matéria tem leis, Marx pensou, como Hegel, que a história também devia ter as suas. Como era filósofo, caiu na armadilha imemorial e fatal de seus semelhantes, a de acreditar que podemos de uma vez só aceder à verdade exclusivamente pela aplicação da inteligência a alguns casos e fatos isolados. Quanto mais inteligentes somos, mais facilmente imaginamos leis possíveis, estruturas tentadoras, correlações notáveis e provas dialéticas. Quanto mais inteligentes somos, portanto, mais corremos o risco de nos enganar de maneira inteligente, o que significa que estaremos convencendo muitas outras pessoas.

Assim foi que Marx imaginou conhecer com certeza os conceitos que descrevem exatamente a sociedade, assim como leis que permitiriam prever seu rumo. Não será necessário rememorar sua doutrina (que certamente não deve ser rejeitada em sua totalidade), mas apenas chamar a atenção para sua *démarche*: ela consiste em colocar *a priori* que existem leis para algo, pretendendo em seguida conhecer essas leis mediante não se sabe qual operação, para depois deduzir conseqüências supostamente infalíveis, mesmo modificando-as posteriormente em caso de necessidade. Estabelece-se, finalmente, uma regra moral cuja virtude consiste em fazer tudo para que as previsões se concretizem. Essa construção fez sucesso nas diferentes seitas religiosas, sociais ou filosóficas. A ideologia está sempre pronta para abocanhar nos cérebros um tanto gordurosos. Sempre que alguém nos disser: "É isto que vai acontecer, precisamos apressá-lo", devemos saber que se trata de mais uma seqüela de um determinismo cego e superado, e de uma incompreensão flagrante do que é verdadeiramente uma lei.

Já não deveria ser tão comum que alguém se equivocasse de maneira absoluta sobre o verdadeiro caráter das leis, como nesse texto famoso de Louis Althusser, que nos parece muito significativo: "Esta obra gigantesca que é *O capital*, de Karl Marx, contém simplesmente uma das três maiores descobertas científicas de toda a história humana: a descoberta do sistema de conceitos (logo, da *teoria científica*) que descortina o conhecimento científico daquilo que podemos denominar o 'Continente-História'. Antes de Marx, dois 'continentes' de importância comparável haviam sido descortinados ao conhecimento científico: o Continente-Matemáticas, pelos gregos do século V, e o Continente-Física, por Galileu."[1]

o homem segundo Darwin

Nada estrutura mais profundamente um ser humano do que a maneira como ele concebe a própria condição. Durante milênios, tão longe quanto pode alcançar o olhar, o homem definiu-se em relação aos deuses, muito mais que na comparação com os outros seres vivos. Ele podia considerar-se destinado à reencarnação, mergulhar no esquecimento do Lete grego ou nas sombras do Scheol hebraico ou esperar ser julgado por seu criador, mas o resultado era sempre o mesmo: o homem tinha um destino. A espécie humana era única por essência, e havia sempre um deus, fosse uno ou múltiplo, ou uma ordem inerente ao mundo, como entre os budistas, acompanhando cada ser humano em todos os seus atos a cada instante, inclusive em seus sonhos e pensamentos.

---

[1] L. Althusser, "Avertissement aux lecteurs du livre I du *Capital*", Paris, Garnier-Flammarion, 1969, p. 7, citado por J.-M. Besnier, *Histoire de la philosophie moderne et contemporaine*, Paris, Grasset, 1996, p. 592.

Até que veio Darwin. 1859 foi a data fatídica em que ele publicou *A origem das espécies*. Inicialmente, o acontecimento provocou muito barulho. Armas foram terçadas, injúrias e vitupérios foram lançados de todas as partes, mas tudo isso agora é passado. Hoje, é preciso viver muito distante do próprio tempo para ignorar ou não perceber que o homem é um ser vivo muito pouco diferente dos outros, que seu espírito é de certa maneira o coroamento de tudo que vive e que seu destino — já que é disso que se trata — está inscrito na história do Universo, e não num julgamento divino.

Os que ignoram isso ainda são muitos no planeta, em sua maioria simplesmente ignorantes de muitas coisas, freqüentemente para sua própria infelicidade. O caso de certos "fundamentalistas" é mais surpreendente, especialmente quando acompanhado de argumentos que também se pretendem científicos. Pouco lhes importa que um século e meio de pesquisas em paleontologia tenha permitido reconstituir as linhagens animais e vegetais, inclusive a do homem. Eles só enxergam os hiatos. Pouco lhes importa que o estudo dos genomas confirme cabalmente essa história, e que a evolução das espécies já tenha sido a esta altura duplamente estabelecida pela paleontologia e pela genética. A dar-lhes crédito, Deus teria pretendido simplesmente, desde o jardim do Éden, que dois por cento de diferença entre os genes dos chimpanzés bonobo e os do homem determinassem cem por cento a diferença entre o ser de um e o do outro.

O que pensa disso nosso amigo Poucoligo, mencionado anteriormente? Sabe, acaso, qual o seu lugar na cerrada trama dos seres vivos? Se tem fé, não seria sua fé arranhada pela nova visão da natureza humana? Se é ateu, não deveria reconhecer que seu ateísmo foi nutrido pelas ciências ao longo dos séculos passados? Os três exemplos que mencionamos — o do determinismo, o do marxismo e o do darwinismo — convergem para uma mesma conclusão. Queiramos ou não, reconheçamos ou não, o espírito de cada um de nós foi marcado do modo mais profundo pelas lições da ciência, tenham sido bem compreendidas ou deformadas.

Assim é que a colheita extra-humana dos fatos e das idéias observados e concebidos pela ciência constitui a chave da modernidade e da mutação atual. Esta extraordinária assertiva consiste, efetivamente, portanto, no que precisávamos demonstrar, como concluía Euclides sempre que fazia uma pausa.

Capítulo 3

DAS LEIS EXTRA-HUMANAS

A mutação, que se apoderou da humanidade em alguns séculos e neste exato momento a sacode, deve-se, como dizíamos, à descoberta pelo homem das leis da natureza, que parecem transcendê-lo. Será conveniente falar, a seu respeito, de leis "extra-humanas", pois elas nos obrigam a dirigir nosso olhar *para além* dos estreitos limites do humano. Utilizamos esta expressão, calcada na expressão extraterrestre, porque nos parece traduzir o verdadeiro mistério das leis sem renunciar ao humano, diante delas. Não existe na língua francesa uma palavra conveniente para assinalar uma irredutível distância em relação ao humano, exceto se recorrermos ao contrário, ou seja, ao desumano. Assim como sinônimos comuns do tipo "cruel" ou "monstruoso", a palavra desumano também seria excessiva no presente caso, embora reconheçamos haver algo de belo no fato de uma língua obrigar a dizer que o que não é humano é por isso mesmo cruel ou monstruoso. Encontramos nessa pobreza da linguagem todo o humanismo, e nós mesmos recorremos, justamente, a um neologismo, a fim de preservar algo do humanismo.

Passaremos algum tempo falando das leis, por vários motivos. O primeiro é essencial: se é verdade que a descoberta das leis está na origem da história moderna, inclusive de suas maravilhas e seus horrores, de seus erros e conquistas, seria uma loucura não querer conhecer suas causas. O segundo motivo é que muito pouco se fala das leis, inacreditavelmente pouco, ao passo que seria primordial tomá-las como referência. O terceiro motivo é que é efetivamente muito pequeno o número de pessoas que conhecem as leis e meditam sobre elas, ao passo que nós tivemos a sorte de conviver diariamente com elas em nossa profissão. Isso cria para nós o dever do testemunho.

É certo que não se trata de um assunto cômodo, pois obriga a refletir, mas quem haveria de queixar-se? O mais importante, certamente, é não partir do pressuposto de uma massa preexistente de conhecimentos, de um vocabulário pernóstico e exibicionista, em suma, não falar aos especialistas. Aliás, hoje em dia, ninguém é especialista. Se alguns de nós chegamos a dominar temas difíceis na ponta da língua, é quase sempre devido à ignorância abissal em outros temas. Gostaríamos, portanto, de falar das leis como se delas ignorássemos tudo e as estivéssemos descobrindo também. Não hesitaremos em nos repetir de um capítulo a outro, pois certas coisas precisam ser incansavelmente repetidas.

Este silêncio me apavora

Precisamos voltar a Pascal, pois parece haver algo de desumano no extra-humano, e é necessário olhá-lo de frente para poder superá-lo. "O silêncio desses espaços infinitos me apavora." Pascal sentia esse pavor diante de dois infinitos abissais — o do

Universo e o das profundezas da matéria — que parecem privar-nos de nossos referenciais. Mas que diria ele hoje em dia?

Veja-se o Universo. A Ilustração 1 mostra um pequeno ponto, observado durante meses pelo telescópio espacial Hubble, tempo suficiente para distinguir os objetos mais distantes. São galáxias de forma espiralada, elíptica ou irregular. Quando passamos de um cantinho como este para tudo que pode ser encontrado no

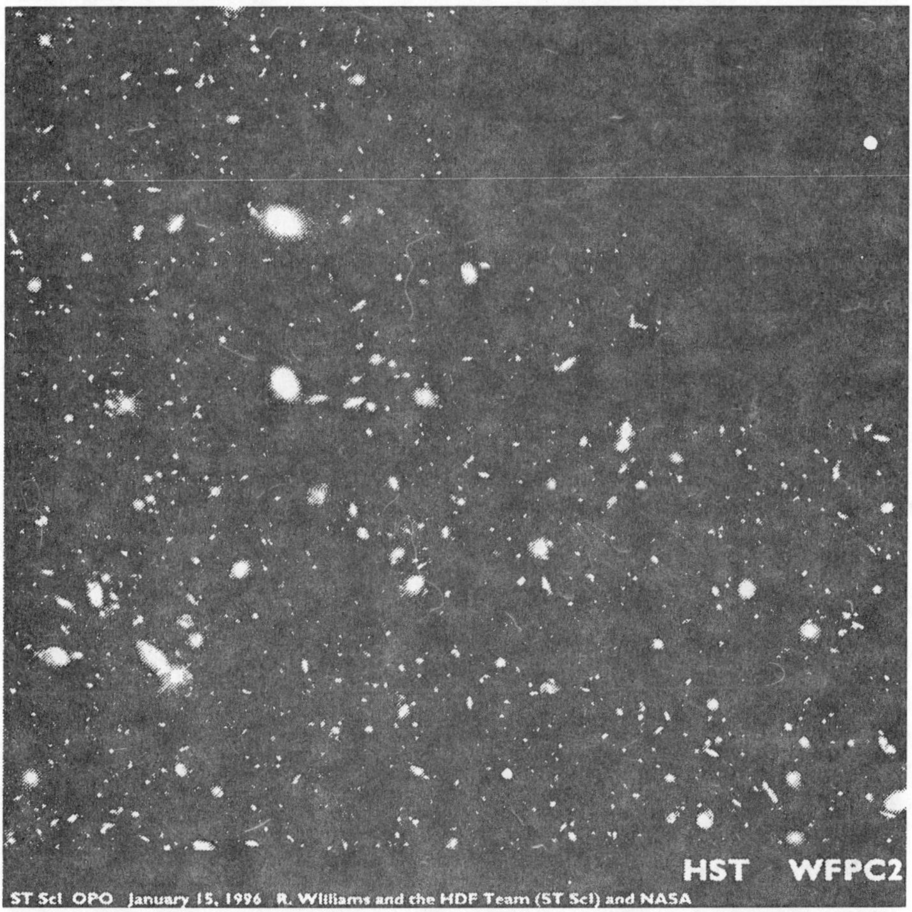

Um pedaço do céu, do tamanho de uma cabeça de alfinete sustentada na ponta do braço esticado, observado pelo telescópio espacial Hubble e revelando a presença de numerosas galáxias: todos os pontos, todas as formas e todas as manchas que aí aparecem são galáxias! (HST-NASA)

Universo visível, chegamos a números assombrosos: existem no total cerca de 100 bilhões de galáxias.

Vivemos numa dessas galáxias, e a Ilustração 2 mostra o que nela podemos ver. Trata-se mais uma vez de um cantinho do céu, só que dessa vez muito mais próximo de nós (quer dizer, nem tão longe assim em anos-luz). Mergulhamos ali numa verdadeira profusão, numa multidão de estrelas. Quando calculamos quantas delas existem em nossa galáxia, chegamos mais uma vez a uma centena de bilhões. Se multiplicarmos este número pelo de galáxias, obteremos uma estimativa de aproximadamente 10 mil bilhões de bilhões de estrelas no Universo... uma das quais se chama Sol!

Esta fotografia mostra as estrelas encontradas numa pequena parte de nossa galáxia, na constelação de Centauro. (HST-NASA)

Vejamos agora a matéria. Hoje em dia, ela é sondada até distâncias de um centésimo de milionésimo de bilionésimo de centímetro, descobrindo-se sempre novos fenômenos à medida que se vai mais fundo. Tudo parece estranho nesse mundo dos átomos, tão diferente do que nos é familiar que até parece um outro mundo.

Todos esses fenômenos estranhos poderiam continuar incompreensíveis, inapreensíveis e tão infinitamente misteriosos quanto os infinitos cujas marcas carregam. Mas não é o que acontece. Em absoluto! Pelo contrário, por toda parte são descobertas *leis*, leis quase inacreditáveis em sua profundidade e sutileza. E o mais espantoso talvez seja sua universalidade, pois sua ação estende-se a todo o Universo e ao mesmo tempo aos menores recantos do átomo. Nada lhes escapa. Se existe uma palavra capaz de romper o silêncio que partia o coração de Pascal, ela só poderá ressoar nas leis, e é a elas que gostaríamos de nos abrir em sua companhia.

Você poderá perguntar por que classificamos as leis da natureza entre os fenômenos extra-humanos, ao passo que são, afinal, homens e mulheres, seres humanos, pesquisadores, que cultivam a vocação de descobri-las e enunciá-las. São seres humanos que trabalham com os grandes telescópios ou coletam os dados enviados pelos satélites, que labutam e experimentam os grandes aceleradores. O motivo por que afirmamos que sua colheita é extra-humana decorre do fato de que os pesquisadores não inventam as leis. Não se trata de artistas criadores. Eles *descobrem*, e o que a eles se revela supera a imaginação humana. As leis da natureza surgem como uma mensagem extra-humana comunicada aos irmãos da espécie por homens delegados pela humanidade.

Essas leis fascinantes tornam banal praticamente qualquer outro nível de pensamento. As religiões reveladas não proporcionaram a sua revelação; nenhuma metafísica conseguiu concebê-las. As filosofias humanistas não se saem muito melhor, sufocando nesse imenso vazio que as transcende.

As leis: será que a maioria de nós sequer sabe de que se trata? Desconfiamos seriamente que não! Oh, claro, todos aprendemos no colégio várias leis: as de Newton no terreno da mecânica, algumas das leis óticas, elétricas, genéticas, químicas e outras. Isto nos permite entender muitas coisas — quando delas nos lembramos —, mas é muito incompleta a idéia que assim temos do que realmente são as leis, ou do ponto até onde vão seus domínios, muito além dos recantos familiares do que é humano.

A maioria continua entendendo as leis como se fez durante séculos. Desde a origem elas eram encaradas como mecanismos, automatismos ou receitas infalíveis (era o que dizia a seu respeito Paul Valéry). Descartes as entendia mais ou menos assim, e também Newton, e, entre os dois, Pascal, o que, por sinal, explica o seu pavor. Ele sabe, ou adivinha, que existem leis nos dois infinitos, mas, se essas leis são mecanismos que forçam e esmagam tudo que existe, podem ser consideradas não apenas extra-humanas, mas verdadeiramente desumanas: cruéis, bárbaras, diabólicas e não-divinas.

É preciso deixar bem claro que não é assim e que, durante três séculos, nos enganamos sobre o caráter das leis. Sabemos hoje que a idéia de leis que traduziriam mecanismos cegos era profundamente equivocada. As leis mais universais são aquelas que mais claramente o demonstram. Mas aí está: são conhecidas há muito pouco tempo, menos de cem anos em todos os casos, apenas algumas décadas em certos casos, ou seja, muito pouco tempo na escala em que as sociedades tecem suas culturas. A boa-nova mal começou a impregnar o espírito da espécie humana, e muito raramente se fala das leis com o necessário distanciamento. Nada se fala de sua *natureza*, de seu *caráter*, e a este respeito é reveladora a ignorância de certos cientistas. Por isso é que propomos uma análise conjunta da natureza das leis naturais. O tema pode parecer abstrato, mas você verá como sua importância é *vital* para todos nós.

Falemos das leis

Falemos então das leis. Só poderemos tratar, naturalmente, daquelas que conhecemos, ou seja, as que já foram descobertas e verificadas pela experiência. Os jornais freqüentemente estão cheios de especulações a respeito de fenômenos mais ou menos estranhos ou teorias ainda mal esboçadas, e apresentadas de forma espetacular. A informação destrói o saber, como sempre, e dois ou três tostões de novidade parecem preferíveis à gruta de Aladim, onde se encontram os verdadeiros tesouros. Em outras palavras, e correndo o risco de nos repetir, queremos falar apenas das leis perfeitamente estabelecidas.

As mais fundamentais não são muitas. Falam de um continente e de um conteúdo. Há o continente absoluto, o espaço-tempo, cuja lei é a da relatividade geral. Existe também um conteúdo total, a matéria, sob todas as suas formas, inclusive a irradiação. Nesse terreno, as leis são quânticas. Essas leis são consideradas "fundamentais" porque todas as outras, as inúmeras outras, numa infinidade de casos, objetos e circunstâncias, delas derivam. São leis tão pouco numerosas que poderiam ser descritas em poucas páginas, e em menos espaço ainda numa caligrafia pequena. Algumas páginas, dirá você, mas então por que não inscrevê-las bem no início de todos os livros de ciência e filosofia, ou dos manuais escolares?

Infelizmente, há um temível obstáculo. Acontece, com efeito, que as leis são formuladas numa linguagem matemática, difícil, abstrata, cuja profundidade só tem equivalente na das próprias leis que expressa. As leis da relatividade geral, descobertas por Einstein em 1915, faziam uso do que se conhecia de mais refinado em geometria na época: espaços em quatro dimensões, nos quais surgiriam, desde então, estranhas singularidades como os buracos negros ou um início do Universo onde a geometria é interrompida. As leis que governam as partículas, segundo o que ficou conhecido como "modelo-padrão", recorrem a matemáticas tão novas que ainda não foi possível reduzi-las àquelas que já são perfeitamente dominadas pelos matemáticos. Assim, ainda que escrevêssemos leis neste livro, elas seriam ilegíveis, exceto para os especialistas. Poderíamos explicar, dar exemplos e apresentar infinitas conseqüências, mas sempre continuaria havendo esse núcleo resistente, irredutível, de matemáticas. Os melhores pedagogos tentaram superar essa barreira do abstrato, mas nunca conseguiram, e é por isso que, infelizmente, para quase todos nós, as leis continuam sendo hieróglifos ilegíveis ou receitas esotéricas. Não tentaremos, portanto, destrinchar essas fórmulas, preferindo descrevê-las para dar uma idéia de suas imensas ressonâncias. De certa forma, começaremos com um elogio das leis.

Algumas características das leis

As relações entre as leis da natureza e as matemáticas são tão estreitas que caberia perguntar se as matemáticas em seu próprio princípio não fariam parte das leis. Sabemos que Euclides deduziu de cinco postulados e alguns axiomas toda a geometria, seus conceitos, figuras e teoremas. O mesmo acontece, basicamente, com as grandes leis das quais tudo parece derivar.

Elas contêm toda a criação em potencial. Assim, houve um tempo, outrora, bem outrora mesmo, ou seja, pouco menos de um milhão de anos depois do nascimento do Universo, em que só existiam matéria e luz uniformemente repartidas, como uma espécie de mar primitivo que ocupava todo o espaço. Não havia estrelas, planetas, nem mesmo átomos ou núcleos algo interessantes, como os do carbono ou do oxigênio. Nada, ou quase nada, mas as leis já existiam, por assim dizer acima do tempo. Elas guardavam em estado potencial todas as suas conseqüências, que seriam desenroladas pelo tempo, assim como a lógica alinharia teoremas de geometria que ainda não haviam sido enunciados por ninguém. É assim que o tempo revela as conseqüências das leis, como a flor e o fruto guardados em potencial na semente.

As leis da relatividade geral, as que se referem ao espaço-tempo, geraram dois efeitos aparentemente contrários: a expansão do Universo, que dilata o espaço, e as forças de gravitação, que compactam a matéria. A gravitação congregou a matéria uniforme do início para moldar as galáxias, as primeiras estrelas e, muito mais tarde, os planetas. As leis que governam a matéria fizeram com que as estrelas se aquecessem à medida que se contraíam, até o ponto em que passaram a brilhar sob a ação desse calor, formando-se em seu seio novos núcleos, sempre por efeito das mesmas leis. São esses núcleos, cozidos no alambique das primeiras estrelas, que constituem hoje o essencial de nosso planeta. A vida é certamente fruto da longa manifestação das conseqüências das leis, que por muitíssimo tempo se mantiveram secretas.

Dissemos que as leis parecem estranhas quando as vemos pela primeira vez. Assim é que a idéia de espaço-tempo chegou a chocar. Bergson, apesar de ter sido o maior filósofo da III República francesa, nunca aceitou as perturbadoras leis da relatividade geral, hoje comprovadas com precisão. Os grandes princípios que governam a matéria profunda — os da mecânica quântica — também provocaram um escândalo filosófico, sendo considerados um desafio ao bom senso. O que era em parte justificado. Com efeito, essas leis solapavam as bases sobre as quais se apoiavam até então os pensadores mais exigentes, especialmente o mecanismo, o que merece alguns comentários.

Não há mais causa e efeito no mundo das partículas, mas uma combinação de possibilidades, uma soma de tudo que pode acontecer sem qualquer limitação. Estamos falando de soma de possibilidades, e não de sorteio, pois se trata de um jogo muito sutil que seria degradado se fosse reduzido a mero acaso.

As leis quânticas, de que voltaremos a falar adiante, impedem-nos de *pensar* que um elétron — por exemplo — ocupa determinada posição no espaço e se desloca numa trajetória. Tais trajetórias não podem ser comprovadas *a fortiori* por nenhuma experiência.

Os fenômenos do mundo quântico não são contínuos, mas abruptos. Por isso são chamados "quânticos", derivação de uma palavra que se opõe a "contínuo". Certos fenômenos acontecem de uma só vez, sem transição, como por exemplo a emissão de um fóton de luz por um átomo.

Acontece também que dois objetos muito afastados um do outro não possam ser separados em duas partes independentes. Podemos então dar tratos à bola dos curiosos, empregando a fascinante palavra "teleportação".

E com efeito existem, por trás dessa aparente magia, leis perfeitamente coerentes, hoje comprovadas em todos os seus aspectos e cuja estranheza tem um motivo simples. Como nossa imaginação e nossa intuição foram formadas num mundo de escala média, ou seja, em nossa própria escala, nada nos permite imaginar o mundo dos átomos e das partículas, nem o do espaço-tempo. Pior ainda, as palavras de nossa linguagem, embora sejam perfeitamente capazes de descrever o que vemos todos os dias, não têm a sutileza das matemáticas, de tal maneira que nos atrapalham com a mesma freqüência com que nos ajudam.

Leis sutis

O Homem III que o demiurgo pretendia esboçar só poderá afirmar-se diante das leis, pois as leis existem, e ninguém pode alterar essa premissa. Será necessário que o homem se situe diante delas, o que exigirá que saiba alcançar o seu sentido. Esta revelação do extra-humano parece-nos pelo menos tão importante quanto todas as revelações religiosas e todas as construções da filosofia. Certamente gostaríamos que nos fossem ensinadas por profetas e que precisássemos apenas segui-los, mas infelizmente nada é tão simples. Os indivíduos aprenderam a pensar por si mesmos, querem que a verdade nasça neles, que lhes pertença de direito, de modo que os profetas podem apenas lançar sementes. Existe, no entanto, um que admiramos profundamente. Trata-se de Einstein, no qual gostaríamos de nos inspirar, no contexto de nosso elogio das leis, quando constatava que "Deus é sutil, mas não é malvado".

Não vamos aqui entrar numa polêmica estéril em torno da referência a Deus. Vimos que o extra-humano existe, que ele nos comprime entre dois infinitos e que é estruturado por leis que são da ordem do espírito. Guardemos, todavia, este nome, Deus, que ressoa mais alto que qualquer outro quando tentamos falar do extra-humano, e esqueçamos as teologias, quaisquer que sejam. Assim, Deus não é malvado. Quando Einstein afirma isso, está falando apenas de leis. Está deslumbrado com o fato de que os esforços humanos podem alcançar as leis, que constituem de certa maneira a recompensa de um trabalho coletivo que busca apenas a verdade. Deus não é malvado, pois o extra-humano consente em deixar transparecer suas leis.

Mas o Deus de Einstein é, antes de tudo, sutil, o que significa — neste contexto — que também o são as leis. Que se cuidem os que não o entendem e tentam simplificá-las à força. Podemos pensar em Marx, que julgava conhecer a matéria em sua essência, assim como a natureza das leis, a ponto de travestir sua história. Podemos pensar também naqueles que se fecham num determinismo absoluto. A esse respeito, podemos invocar um exemplo.

Este exemplo é recente. Trata-se de um efeito que só foi comprovado pela experiência há sete anos e que é chamado de *descoerência*. Ele resulta diretamente dos princípios quânticos, embora tenha sido necessário mais de meio século para constatá-lo. Trata-se de um efeito muito sutil, muito semelhante a um fenômeno de interferências, porém muito mais rico, a cujo respeito voltaremos a falar. Por enquanto, digamos simplesmente que é ele que opera a *transmutação* das leis, quando passamos do mundo das partículas para o mundo perceptível a nossos sentidos e nossos instrumentos. É neste nível, quando se congrega um número suficiente de átomos, quando passamos do microscópico ao macroscópico, do infinitamente pequeno ao apenas muito pequeno, que a aparência das leis transforma-se inteiramente. O acaso absoluto transmuta-se, por exemplo, em determinismo. À primeira vista, pode parecer absurdo: como poderia o acaso engendrar a necessidade? As palavras opõem-se radicalmente. Mas é aí que as matemáticas revelam sua profundidade dialética, pois é possível demonstrar que, em grande escala, a probabilidade de que a causalidade não aja é muito pequena, extremamente pequena. É portanto o ponto de vista quântico, o do acaso, que permanece no comando e mais perto dos princípios, ao mesmo tempo em que se harmoniza sutilmente com a evidência que temos diante dos olhos.

Com efeito, quando uma criança solta uma bola simplesmente afastando os dedos, a bola deve cair no chão, mas a causa representada pela mão que se abre só acarreta este efeito com uma quase-certeza, e não uma certeza absoluta. A bola poderia pular no teto ou atravessar uma parede, mas a probabilidade de isso ocorrer — que podemos calcular — é tão pequena que ninguém jamais viu algo parecido. Em contrapartida, na escala das partículas, as improbabilidades tornam-se possíveis e são moeda corrente: tornam-se a regra. Estão mais próximas dos primeiros princípios, ou seja, das leis fundamentais.

Voltaremos a tratar da sutileza das leis, pois é evidente que o assunto merece uma explicação menos grosseira. Mas que pelo menos ela já nos possa ensinar a não cair na armadilha das palavras e das idéias pré-fabricadas. Que possa, diante das metafísicas e das religiões, advertir-nos do risco de contradição quando acreditamos na transcendência e logo tratamos de confiná-la em palavras ocas. Diante das filosofias, que possa lembrar-nos de que a dialética não é uma boa estratégia de acesso à verdade, mas uma solução possível que não escapa à vacuidade das palavras.

Capítulo 4

O JOGO DE OUVIR-A-CHUVA

Entender, ou seja, entender-se entre os dois infinitos tanto quanto entendê-los, entender a mutação e entrever aonde ela nos conduz, é algo que exige que tomemos consciência das leis. Acontece que, com demasiada freqüência, suas conseqüências são reduzidas a puros mecanismos — em biologia, por exemplo — cujo determinismo deve ser temperado: chegariam as leis a suprimir a liberdade? Essas questões imperativas serviriam para nos estimular a apresentar as leis em toda a sua grandeza e sutileza, pelo menos na medida do possível.

Mas será que é possível? O grande obstáculo, que acabamos de evocar, é o das matemáticas. Nas faculdades e nas grandes escolas científicas onde são apresentadas as leis quânticas, sua abordagem só é feita dois anos depois de um vestibular na área científica. Seria possível tomar um atalho para entender essas leis em seu caráter e não em seus detalhes? Essa foi a pergunta que nos fizemos. Dizem que é impossível, mas quisemos tentar, supondo, naturalmente, que o leitor se dispõe a certo esforço de imaginação.

De nossa parte, quando pensamos nessas leis, nossa contemplação é misturada com emoção, respeito e uma admiração sem limites. Como compartilhá-los? Pensamos sobretudo nos mais jovens, e não gostaríamos de falar a um público restrito, ao leitor abstrato de livros de intelectuais escritos para intelectuais, mas a alguém que não seja nossa própria imagem num espelho, e sobretudo alguém que tenha sentimentos quando pensa. Por isso, quem quer que você seja e qualquer que seja sua idade, gostaríamos de nos dirigir à juventude que existe em você, à sua juventude e também um pouco a seus sonhos. Vamos inclusive dar um nome a essa juventude, para que sua presença seja mais fortemente sentida. Que nome? Por que não Natanael e suas quatro sílabas mágicas, que ajudaram André Gide a cantar o entusiasmo?

É portanto a você, Natanael, que nos dirigimos. O mundo o deixa maravilhado e preocupado, mas o seu destino é entendê-lo, e não submeter-se a ele passivamente, logo você, que busca a nova forma do humano. Deixaremos que o poeta cante em você, que o artista o inspire e, de nossa parte, sendo apenas dois velhos sábios meio loucos, suficientemente instruídos para saber o alcance de sua ignorância, gostaríamos de ensiná-lo a ver além do que se pode ver. Logo não vamos lhe dizer mais uma vez o que seus olhos podem encontrar de belo nas aparências do mundo; vamos falar-lhe de uma beleza secreta, universal, que se esconde em todas as coisas, mesmo a mais ingrata. Pois tudo tem uma alma, Natanael, a mesma alma em todas as coisas e em tudo aquilo que tem vida; um filósofo de antigamente, Plotino, chamava-a de "alma do mundo", mas hoje em dia a gente fala das "leis". É disso que se trata.

Como tudo que é inapreensível aos sentidos, imponderável, essa alma, essa lei, é puramente interior, interior a todas as coisas e ao conjunto formado por todas as coisas. Ela está dentro. Olhe para ela: você não pode vê-la. Pense nela, e ela se apresenta. Sinta-a, e ela o preenche, o acalma, o torna maior. Pense, Natanael, no

Universo imenso, no qual você poderia não ser nada, e onde, no entanto, é o único lugar, você, o humano, onde o Universo se pensa. Você é isto. Nada é maior que você em sua fragilidade, e nada carrega uma responsabilidade maior que a sua fraqueza. É também isto que pode dotá-lo de grandeza e amor, se você souber entender. Como aqui não passamos dos velhos que vaticinam e fazem sinal com o dedo, que sugerem, tudo deve partir de você, em você. Somente se você tentar ver o invisível é que o visível poderá ser explicado. Venha!

quais são as leis?

"Então, digam-me quais são as leis." É esta, naturalmente, a sua primeira pergunta, Natanael. Nós já a esperávamos, mas ela sempre nos deixa embaraçados, e ficamos olhando um para um outro, para ver quem falará primeiro. É verdade que julgamos saber alguma coisa sobre as leis; melhor ainda: admitamos que as conhecemos. As que nos são mais conhecidas apresentam-se como grandes princípios do mundo físico. São divididas em dois grupos, que dizem respeito ao continente ou ao conteúdo do Universo. O continente é o espaço, mas também o tempo, pois ambos são inseparáveis para as leis que os unem num espaço-tempo. O conteúdo é, ao mesmo tempo, a matéria e a radiação (nome que designa tudo que, de alguma maneira, tem a ver com a luz).

A matéria, como você sabe, é feita de átomos; os átomos contêm um núcleo e elétrons; os núcleos são agregados de prótons e nêutrons, ou seja, de duas espécies de partículas muito semelhantes que foram descobertas recentemente, compostas, por sua vez, de três quarks. "Mas que estranho esse nome, quarks", observa Natanael. "De onde vem?" Ele parece uma onomatopéia, como tchibum ou bing. Num famoso romance de James Joyce,[1] um garçom encaminhava uma comanda "e três quarks para o Sr. Bloom", e foi lendo o romance que Murray Gell-Mann, o físico que primeiro desconfiou que existem partículas que formam grupos de três, teve a idéia de adotar esse nome. Ele queria que fosse um nome sem passado nem conteúdo, uma palavra de certa forma ainda virgem, antes de ganhar corpo na pesquisa.[2] É uma pena que se tenha descoberto posteriormente que se trata simplesmente de um banal queijo...

Mas estamos saindo do sério. Falávamos das leis da matéria e você perguntou o que são elas. Existem aquelas de que você ouviu falar, as leis do movimento, descobertas por Newton há muito tempo. Existem também as leis da química, que dizem respeito à composição da matéria. Mas no século XX percebeu-se que existem outras leis, muito mais gerais e das quais as leis da química e do movimento representam apenas facetas. A ciência por elas constituída chama-se "mecânica quântica", outro caso de palavra opaca que recobre uma grande idéia, como a palavra "quark". *Quantum* é uma palavra latina que designa uma quantidade contada por números inteiros, como uma porção de grãos de feijão ou de batatas, opondo-se a uma quantidade contínua, como o conteúdo de um copo d'água ou uma lufada de ar. Em 1900, de fato, o físico Max Planck descobriu um fenômeno estranho: a energia carregada por um átomo não muda gradualmente, como o conteúdo de um copo d'água escorre; ela varia por saltos descontínuos, como uma porção de batatas de onde tiramos certa quantidade. Esses

---

[1] James Joyce, *Finnegan's Wake*, Paris, Gallimard, 1982.

[2] É difícil dar nome a tudo que diz respeito muito de perto ao ser das coisas, e o pior de todos é certamente o que foi proposto por um sonhador para o fruto de suas cogitações: uma partícula do ser que batizou de "êtron" [do verbo francês *être*, ser.] *(N. do T.)*

saltos de energia muito naturalmente receberam o nome de *quanta*, plural de *quantum*, e a ciência que acabava de nascer veio em seguida a ser chamada de "quântica", como se fosse um nome de batismo.

Se você quer uma definição, diremos que a mecânica quântica é a forma assumida pelas leis que governam a matéria e a radiação no nível mais profundo, ou seja, no nível das partículas (partículas que, no caso da luz, são fótons). Esta definição, embora seja exata, não deixa de ter algo de redutor. Toda a história da física ao longo do século XX assemelhou-se a uma sinfonia erigida sobre um pequeno número de temas. A mecânica quântica é um desses temas, e sem dúvida o tema dominante. Com efeito, ela não se limita ao mundo microscópico, servindo de fundamento a toda a física da matéria e da radiação, seja em que escala for: até as estrelas e mesmo além. François Jacob afirma, além disso, que não são necessárias outras leis além das leis da física e da química para entender os mecanismos do mundo vivo, de tal maneira que, em suma, as leis da mecânica quântica são o *nec plus ultra* de todos os princípios da ciência, tais como os conhecemos.

"Pois então me digam o que vem a ser esse *nec plus ultra*", pergunta, naturalmente, Natanael. A pergunta pode levar-nos a nos repetir, mas certos fatos são demasiadamente importantes para que hesitemos em reiterá-los. Vejamos então as coisas dessa maneira, pois existe uma dificuldade: Galileu disse que o livro da natureza foi escrito na língua matemática, o que hoje é algo mais verdadeiro que nunca. Na realidade, quanto mais gerais e profundas forem as leis, mais serão também gerais e profundas — ou seja, difíceis — as matemáticas que as exprimem. Não se sabe realmente o motivo, mas é assim. Como então poderíamos dizer-lhe em que consiste o sumo do *nec plus ultra*, a quintessência do conhecimento humano, com pobres palavras do dia-a-dia, numa situação em que seriam necessárias matemáticas complexas? Por isso vamos propor-lhe outra coisa. Você pode considerar que é uma solução ou um disfarce, mas vamos jogar, em vez de ensinar. Não é melhor?

um jogo quântico

Eis então o jogo em questão. Ele se inspira na mecânica quântica, exatamente como o Monopólio se inspira na especulação imobiliária. As leis desta ciência são universais, mas só se manifestam claramente no nível dos átomos e do que é menor ainda. Existe, portanto, uma dificuldade, que é ao mesmo tempo uma questão de número e de tamanho: assim, a dimensão de um átomo é da ordem de 10^{-10} metro, ou seja, um décimo milionésimo de milímetro; existem, por exemplo, $6,10^{23}$ átomos num único grama de hidrogênio (ou 600 mil bilhões de bilhões de átomos). Embora certos aparelhos extremamente sofisticados permitam observar um átomo único, seus limites são consideráveis. Além disso, só podemos entender suas indicações se recorrermos, justamente, à mecânica quântica. Como esta só pode exprimir-se em termos matemáticos, o melhor que podemos fazer para vê-la funcionando é nos conformar a recorrer a meios matemáticos. Para ser bem-sucedido sem precisar enfiar o nariz em abstrações e cálculos complicados, o melhor é entregar tudo a um computador, no qual introduzimos regras que correspondem às leis quânticas. É este o princípio do jogo para o qual convidamos Natanael.

Este jogo é jogado numa vasta praça da bela cidade de Ouvir-a-Chuva, tão cara a Alphonse Allais. Baseia-se em efeitos especiais como os que são usados no cinema, e que nos permitem ver um mundo ultramicroscópico como se viesse a nós, como se as constantes da natureza tivessem mudado para elevar as partículas à escala humana. Assim, existe uma quantidade fundamental da natureza que chamamos de "constante de Planck" e que é designada pela letra *h*. No jogo de Ouvir-a-Chuva, tudo acontece como se essa constante tivesse sido ampliada um bilhão de bilhão de bilhão de vezes. Naturalmente, isto seria impossível na realidade, pois a característica de uma constante da natureza é ser o que é, sem que ninguém possa fazer nada a respeito. Mas nada nos impede de recorrer a experiências de pensamento, e é isso que permite este jogo virtual.

UMA EXPERIÊNCIA VIRTUAL

O jogo é jogado numa praça mais ou menos do tamanho de um campo de futebol, pavimentada com paralelepípedos coloridos que formam um mapa da França. A praça estava vazia quando chegamos, vendo-se apenas uma maquete da Torre Eiffel, um pouco fora de escala para ser claramente localizada e mais ou menos da altura de uma bola de boliche; ela fora situada no centro de um desenho representando a cidade de Paris. Natanael lançou mão de um pequeno computador portátil e clicou numa janela que aparecia na tela para dar a partida. Surgiram então as peças do jogo, representando partículas, como por exemplo os elétrons, mas perfeitamente visíveis, graças à sua forma. São peões, de forma e dimensão semelhantes às de um jogo de damas, e de um belo vermelho encarnado. Quando eles aparecem em algum ponto da praça, seríamos capazes de jurar que realmente ali estão, mas na realidade são criados por holografia, ou seja, por um sistema ótico que permite ver um objeto virtual como se tivesse três dimensões. As regras do jogo determinam que esses peões sejam chamados de "partículas".

Natanael clicou numa janela que indicava "novo jogo". Na opção "número de partículas", escolheu "uma partícula". Entre as opções "leis físicas", escolheu, a conselho nosso, "leis clássicas", pois lhe havíamos explicado que essas são as leis da mecânica de Newton (também chamada "clássica"). Os iniciantes sempre são aconselhados a começar por aí, para se habituar. Apareceu na tela de controle uma janela "configuração de partida", oferecendo várias alternativas em pares e permitindo escolher uma posição de partida da partícula (clássica) e sua velocidade inicial. Natanael escolheu como posição de partida "sob a torre Eiffel". Na opção "velocidade" era necessário dar duas instruções, sendo a primeira "direção de partida", na qual Natanael escolheu "direção de Lyon". A segunda instrução servia para determinar a velocidade propriamente dita, e ele escolheu "100 quilômetros por minuto". Finalmente, clicou na instrução "partida", e pudemos ver a partícula vermelha deixar Paris deslizando pela praça na direção de Lyon, cidade à qual chegou em pouco menos de cinco minutos (ver a figura na página seguinte). Muito bem! No fundo, era extremamente simples.

A segunda tentativa foi mais surpreendente. Natanael começou, naturalmente, clicando em "novo jogo", e em seguida, na alternativa "leis físicas", escolheu a opção "leis quânticas". A janela "configuração de partida" que então apareceu era diferente da anterior: em vez de convidar a especificar uma posição *e* uma velocidade, ela apresentava duas alternativas: "posição" *ou* "velocidade". Natanael escolheu "posição de partida" seguida da opção correspondente, "sob a torre Eiffel", e clicou em "partida". A partícula apareceu então por um breve instante sob os pés da maquete da torre Eiffel e logo desapareceu, apagando-se. O tempo passou e, depois de vários minutos, não se via nada, mas nada mesmo. Natanael, naturalmente, ficou um pouco frustrado com a experiência e clicou na instrução "sair". Virou-se então para nós com ar insatisfeito. "Por que estão sorrindo? O que aconteceu?", perguntou.

"O que você acaba de ver, Natanael, ou antes esta impossibilidade de ver o que quer que seja, deve-se às relações de incerteza de Heisenberg." Essas relações são conseqüências das leis quânticas, e por causa delas é impossível conhecer a posição precisa e a velocidade exata de uma partícula no mesmo instante. Quanto mais precisamente se conhece a posição da partícula, menos se pode conhecer sua velocidade, e vice-versa; por isso o jogo apresenta as alternativas "posição" e "velocidade" como opções distintas. A conseqüência que de longe é a mais importante dessas relações de incerteza é aquela que você acaba de testemunhar, a saber, que *os fenômenos do mundo quântico não podem ser vistos*; e como nossa imaginação depende de uma visão

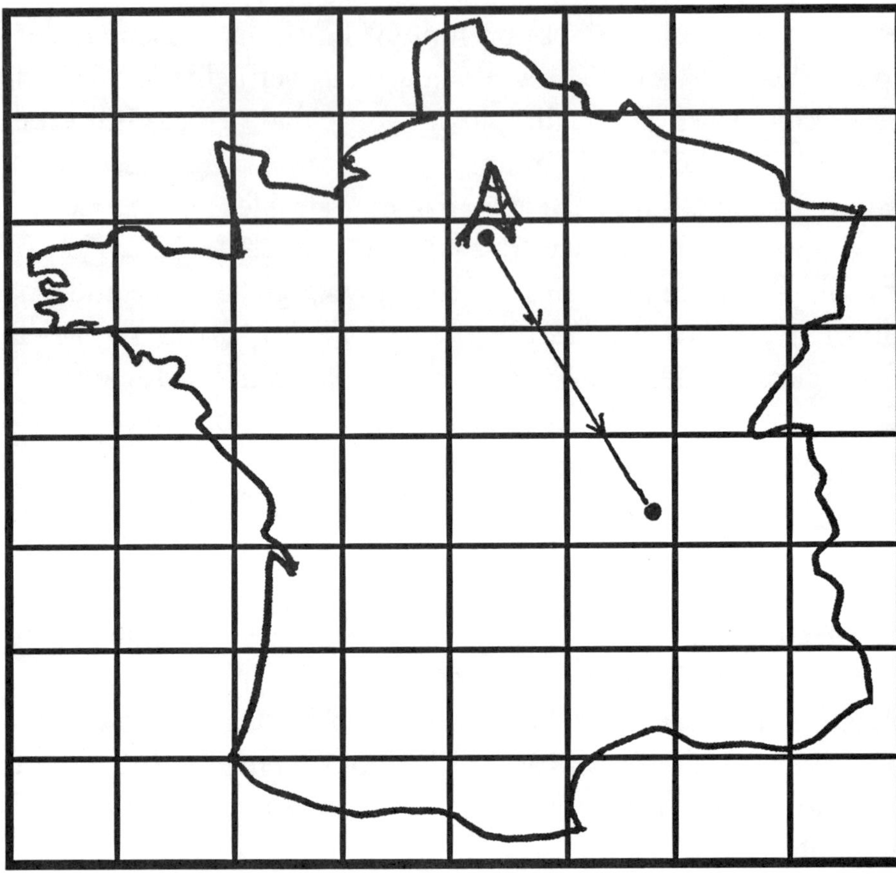

Uma partícula segue em linha direta da torre Eiffel ao ponto que assinala a localização de Lyon no mapa de Ouvir-a-Chuva, quando o jogo segue leis clássicas.

interna, esse mundo não pode sequer ser imaginado! Com efeito, se pudéssemos ver uma partícula se deslocando, ou mesmo simplesmente imaginá-la, veríamos seu movimento percorrendo uma trajetória e, a cada instante, teríamos diante dos olhos sua posição, mas o deslocamento dessa posição ao mesmo tempo revelaria sua velocidade. Acontece que isso é impossível, por causa das leis quânticas; por isso nunca podemos ver uma partícula quântica, nem mesmo em imaginação.

UMA EXPERIÊNCIA AINDA MAIS VIRTUAL

O jogo de Ouvir-a-Chuva é extremamente rico, não se limitando a mostrar como a teoria quântica descreve o mundo: sugere também o conteúdo dessa teoria. Este conteúdo é matemático, naturalmente, mas uma forma descoberta por Richard Feynman no fim da década de 1940 pode ser ilustrada de maneira visível. Para isso, basta escolher no computador a opção "quer ver histórias?". Quando decidiu fazê-lo, Natanael escolheu, ante as duas possibilidades apresentadas, o "sim" em vez do "não", e voltou às suas alternativas anteriores, adotando como posição inicial da partícula "sob a torre Eiffel", e novamente deu a partida.

A partícula vermelha imediatamente desapareceu, como na vez anterior, mas surgiu uma quantidade de cópias mais pálidas debaixo dos pés da torre Eiffel. Essas cópias pareciam clones da partícula e corriam pela praça de qualquer jeito, completamente desorientadas. Quando Natanael fixou a atenção num desses clones, o movimento do pião cor-de-rosa ficou parecendo ainda mais anárquico. Às vezes ele deslizava em linha mais ou menos reta por um instante, e de repente se voltava, tomava nova direção ao acaso e a seguia por alguns momentos para, em seguida, voltar para trás, e de novo se afastar. Perplexo, Natanael não conseguia identificar qualquer indício de uma regra naquele movimento totalmente caprichoso. Ele acompanhava com os olhos uma cópia da partícula, como a da figura seguinte, e podíamos ver que ele estava pensando concentradamente, sem conseguir encontrar a chave do mistério. Finalmente desistindo, ele colocou tudo em posição de pausa. Os clones ficaram imobilizados. Formavam uma multidão que cobria toda a praça e o mapa da França com uma pálida luz rosada. No olhar de Natanael só se via uma grande interrogação.

UMA EXPLICAÇÃO

Antes que pudéssemos intervir, Natanael observou que a tela de seu computador oferecia um programa de ajuda. Ele o ativou e leu o seguinte texto:

As leis em que se baseia a mecânica quântica foram descobertas por volta de 1925 por Werner Heisenberg, Louis de Broglie e Erwin Schrödinger. Logo pareceram estranhas, e muitos físicos conservadores recusaram-nas por muito tempo, considerando-as autênticas ofensas ao senso comum. Sua pesada vestimenta matemática não as tornava nada atraentes. Enquanto Madame du Châtelet, marquesa culta e encantadora, podia falar da física de Newton na bela língua do século XVIII, estávamos agora aparentemente diante de um estranho volapuque algébrico, que só tinha a seu favor a capacidade de dar conta dos fatos. Heisenberg utilizava objetos matemáticos ainda mal conhecidos na época, "matrizes" com as quais pretendia descrever quantidades físicas tão óbvias (aos olhos dos conservadores) quanto a posição ou a velocidade de um elétron. De Broglie e Schrödinger, pelo contrário, recorriam a uma onda, ou antes a uma "função de onda", que organizava a aparência das partículas. Houve inicialmente uma grande esperança de retorno às saudáveis idéias de outros tempos (segundo os mesmos conservadores), quando as funções de onda passaram a fazer concorrência às matrizes. Infelizmente (pensavam, ainda, os tradicionalistas), essas funções ocultavam outras armadilhas físicas e lógicas. Não demorou, inclusive, para que se pudesse provar que as funções de onda e as matrizes exprimem as mesmas leis de duas formas matemáticas um pouco diferentes.

Além disso, por mais que se tentasse, nenhuma das duas linguagens poderia livrar-se de sua ganga matemática. Nem mesmo Madame du Châtelet seria capaz de traduzi-las ou vulgarizá-las. Isto levantava uma penosa barreira entre os não-especialistas e os

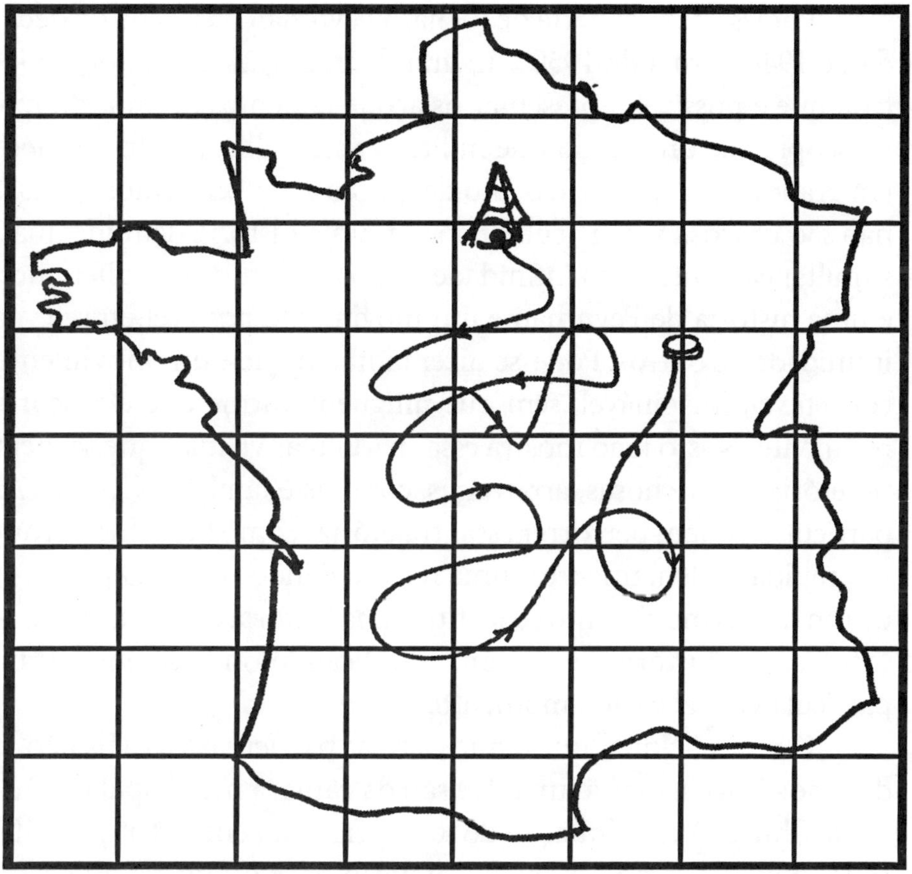

A movimentação irregular de um clone de partícula.

físicos que haviam dedicado o esforço e o tempo necessários ao estudo dessa ciência obscura. Era evidente que ela alcançava êxitos, por sinal mais ou menos bem recebidos: a bomba atômica, os reatores nucleares, os transistores (que mais tarde levariam aos computadores), os raios laser e muitos outros, menos espetaculares ou menos preocupantes. Dizia-se que a ciência quântica ia cada vez mais longe no campo do infinitamente pequeno, com uma prodigiosa precisão, mas ninguém entendia nada.

Por isso a descoberta de Richard Feynman na virada da década de 1940 para a de 1950 tem grande importância. Ele demonstrou que é possível representar os acontecimentos do mundo microscópico de um modo que muito se assemelha ao que acontece em grande escala, à parte o fato de que os acontecimentos e coisas não são únicos. As partículas não têm uma história definida, mas, simultaneamente, uma infinidade de possíveis histórias diferentes, e uma história de Feynman é um movimento possível entre uma infinidade de outros. Pode-se dizer também que é um movimento concebível, imaginável, sem que ninguém afirme que ele ocorre realmente. Nosso jogo mostra essas partículas virtuais que seguem trajetórias caprichosas, arbitrárias, comuns e também virtuais. As partículas podem percorrer essas trajetórias como bem lhes aprouver, rápida ou lentamente, numa reta ou dando voltas. O percurso de um desses movimentos constitui uma história ou, mais precisamente, uma história de Feynman, indicando onde se encontra a partícula virtual a cada momento.

O nome "clone" que demos a essas partículas virtuais não se deve aos físicos, mas a uma decisão da câmara municipal de Ouvir-a-Chuva. A continuação do jogo permitirá entender o significado, mas queremos chamar a atenção para o fato de que esses nomes não passam da ilustração de uma descrição matemática dos conceitos quânticos, não sendo objetos reais.

o acaso quântico

UMA EXPERIÊNCIA DE MENSURAÇÃO

A conselho nosso, Natanael iniciou outra partida, sem os clones, de modo que a partícula que partira da torre Eiffel já não era mais visível. Onde é que estaria? Felizmente, era possível responder à pergunta com uma experiência de mensuração. Apesar de ter sido reconstruída virtualmente por meio de cálculos, esta experiência de Ouvir-a-Chuva é exatamente análoga à detecção de raios cósmicos por um contador. Ela determina onde a partícula se encontra em determinado momento. Olhem só! Um dispositivo experimental acaba de surgir na enorme praça pavimentada. Ele consiste numa rede não menos vasta de malhas cerradas, suspensa dois metros acima do grande mapa da França, acompanhando o desenho da pavimentação (ver ilustração na página seguinte).

De repente, a rede cai e se fecha. É esta aparentemente a experiência de mensuração para determinar a exata posição da partícula, um minuto depois da partida da torre Eiffel. Verificamos que, após a queda da rede, todas as malhas estão vazias, à exceção de uma única, situada na altura da Borgonha, onde a partícula está agora presa. Exatamente como aconteceria num laboratório de verdade, a experiência é reiniciada em condições idênticas, mais uma vez com a partida do veículo em Paris, seu desaparecimento e o reaparecimento um minuto depois, debaixo de uma das malhas que acabam de cair. Dessa vez, a partícula-veículo não está mais na Borgonha, mas na Bretanha. A experiência é reiniciada vezes e vezes seguidas, e fica mais que óbvio que a partícula pode ir parar praticamente em qualquer lugar, acontecendo no máximo de dar com mais freqüência em certas regiões do que em outras; certamente existe aí alguma lei, mas não é possível dizer qual. Quando a experiência é repetida de maneira a tornar visíveis as histórias de Feynman, vemos novamente o percurso irregular dos clones cobrindo toda a praça e todos se apagando no momento em que a rede cai. A partícula reaparece então com sua cor recuperada sob uma das malhas, mas não é possível prever qual delas.

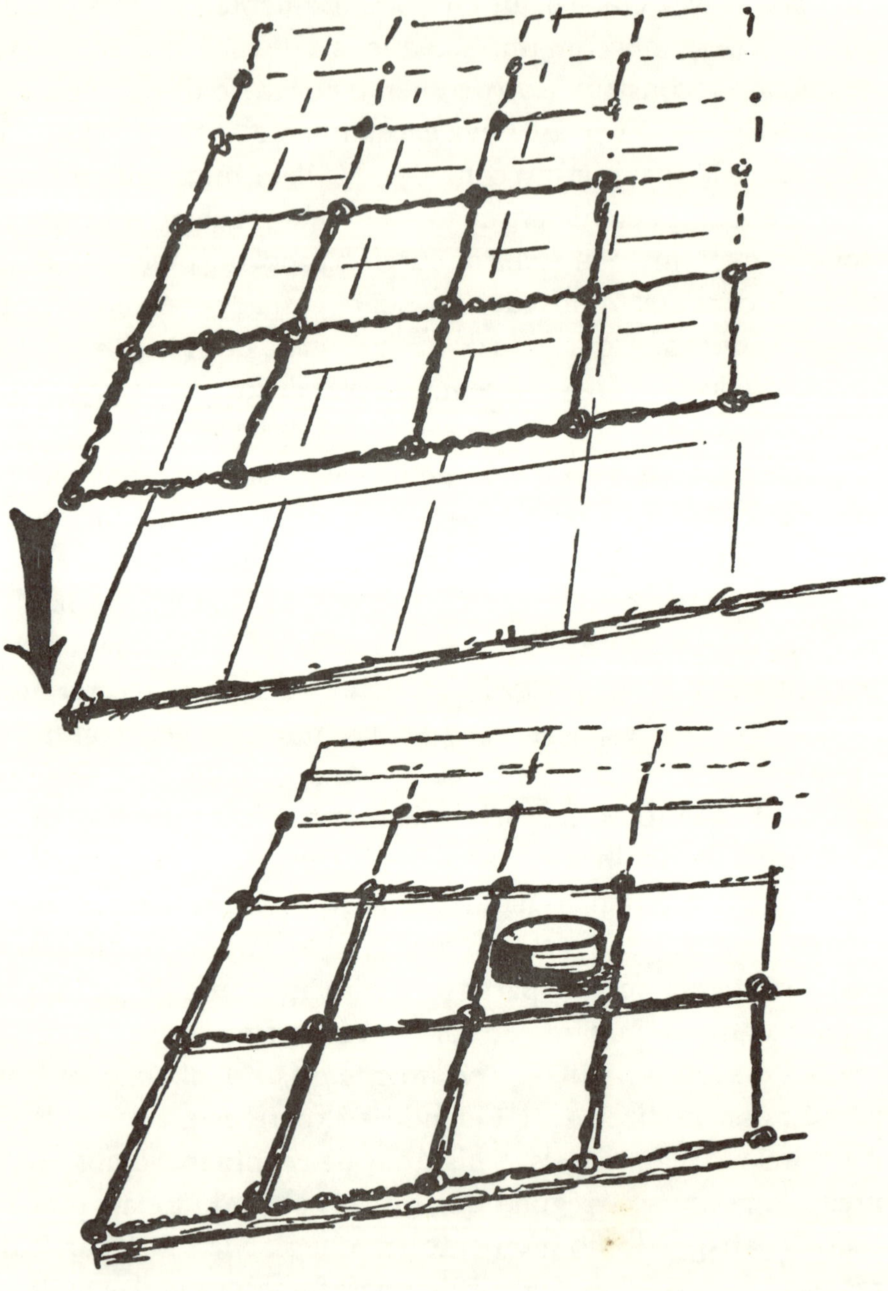

Uma rede disposta acima da pavimentação da praça cai sobre uma partícula e a retém, revelando sua posição.

Natanael entendeu que se trata de um jogo de azar e que a partícula é capturada ao acaso no momento em que a rede cai, mas será que valeria a pena construir um jogo tão dispendioso para jogar na loteria? É o comentário que ele faz com ar de decepção, reproduzindo sem querer a tirada famosa de Einstein: "Deus não joga dados!"

UMA EXPERIÊNCIA DE INTERFERÊNCIAS

Dessa vez, o desenho que representa Paris no solo está cercado por um muro que acompanha a avenida periférica (ver a ilustração da página seguinte). Encontram-se nele apenas duas aberturas, ambas na região leste, uma na altura da Porta de Lilas e outra na Porta de Vincennes. Agora, a partícula é lançada com certa velocidade e os clones voltam a se dispersar, batendo no muro e rebatendo algumas vezes, até saírem por uma das portas e se dispersarem em ziguezague pela praça.

Outro muro, de linhas retas, foi instalado pouco mais adiante na mesma região leste. Está posicionado no eixo norte-sul e se estende da imagem de Lyon à de Namur, passando por Mâcon, Dijon, Langres, Vitry-le-François e Mézières. Este muro, que podemos ver na ilustração da página 93, é uma armadilha de partículas; todo clone que o atinge ali fica preso. Já agora a rede de mensuração está posicionada apenas acima do muro. Na primeira tentativa, tudo se parece com o que já vimos. Ao fim de um minuto, a rede cai sobre o muro, os clones desaparecem e constatamos que a partícula ficou presa numa das malhas, em Vitry-le-François. A experiência é recomeçada um bom número de vezes, e finalmente parece que algo aconteceu. Muitas vezes, vamos encontrar a partícula em zonas privilegiadas, próximas de Namur,

Vitry, Dijon e Lyon. Em contrapartida, ela nunca aparece perto de Mézières, Langres ou Mâcon. Note-se que a distância é sempre a mesma (de 100 quilômetros, na escala do mapa) entre os lugares onde é maior o número de partículas observadas e aqueles onde não se encontra nenhuma.[2]

A janela "Ajuda" começa a piscar na tela, para que Natanael dê prosseguimento à experiência, obedecendo a novas instruções. Ele sente que o grande momento está chegando, que logo poderá

O muro ao redor da imagem de Paris apresenta apenas duas aberturas para a passagem de uma partícula (vemos aqui o movimento de um clone).

---

[2] Na realidade, trata-se de uma experiência de interferências, análoga àquela que permitiu a Thomas Young constatar, dois séculos atrás, o caráter ondulatório da luz. Ele utilizava uma tela com dois buracos, com função semelhante às duas portas abertas no muro de Paris, e a tela na qual via ilustrações de interferência desempenhava o mesmo papel que o muro retilíneo erguido a leste da praça de Ouvir-a-Chuva.

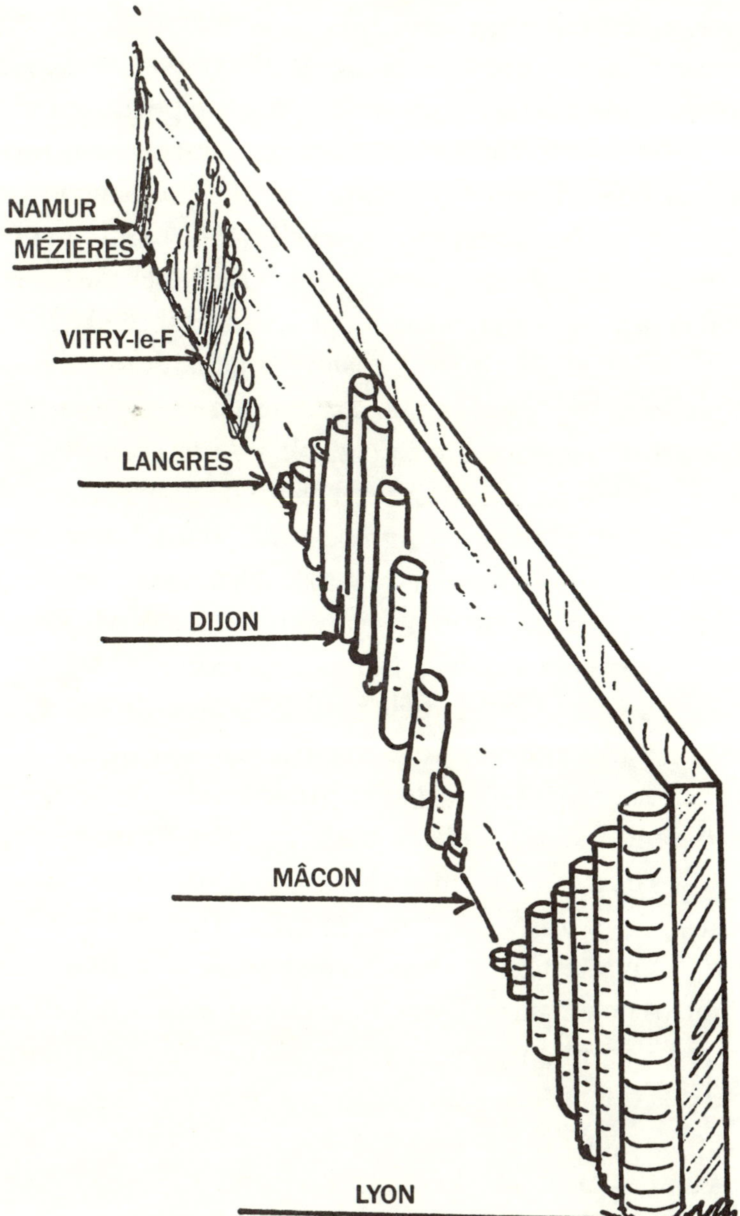

Vemos aqui o acúmulo de clones ao longo do muro do leste, compondo uma ilustração de interferência: os clones congregam-se de preferência em certos lugares e nunca em outros.

descobrir as leis que regem os fenômenos quânticos. No momento em que a experiência é retomada, algo de novo surge na face superior dos clones. Cada um deles apresenta agora um pequeno quadrante, dotado de uma agulha que gira no sentido horário. Neste momento, parece-nos de bom alvitre intervir para explicar a Natanael que todo o segredo das leis quânticas reside na velocidade maior ou menor do andamento dessas agulhas. Na experiência atual, estando livres as partículas (ou seja, sem nenhuma força agindo sobre elas), a agulha anda tanto mais rápido quanto maior for o quadrante da velocidade do clone; a regra seria mais complicada se alguma influência externa fosse exercida sobre a partícula — por exemplo, se algum relevo no terreno determinasse um efeito de gravidade.

Sem recorrer ao programa de ajuda, damos prosseguimento às explicações. O que você está vendo, Natanael, é uma experiência de interferências, governada por uma lei rigorosa. Lance mais uma vez a partícula, observando bem os clones. O segredo da lei reside na posição atingida pela agulha, no quadrante b, no momento em que um clone atinge o muro. Observe que, quando um clone se choca contra o muro, fica imobilizado, e a agulha pára de andar, detendo-se em determinada direção do quadrante. Veja agora todos os clones acumulados ao longo de um mesmo trecho do muro, pouco antes da queda da rede (um trecho de muro na praça de Ouvir-a-Chuva que corresponderia a uma dezena de quilômetros na escala da França). Pegue agora o computador portátil para fazer uma operação matemática muito simples sobre a posição das diferentes agulhas.

A operação em questão consiste inicialmente em selecionar um dos clones imobilizados contra o muro, utilizando um apontador de raios laser. Aparece então, na tela do computador portátil, uma imagem do pequeno quadrante do clone, que é registrada, sem que se faça qualquer alteração no comprimento nem na direção da agulha. O procedimento é então recomeçado com outro clone, imobilizado no mesmo lugar, mas dessa vez a base da segunda agulha é fixada na extremidade da primeira. Recomeçamos sucessivamente, até que todas as agulhas estejam assim dispostas umas contra as outras. Não chega a ser de uma enorme inventividade em matéria de exercício matemático.

Natanael repete a operação com todos os clones que se imobilizaram no trecho escolhido do muro. Se por um lado cada uma das agulhas individuais parecia voltada em direção mais ou menos aleatória, a operação que consiste em juntá-las, montando uma flecha que começa no pé da primeira agulha e vai até a extremidade da última, é extremamente reveladora, como podemos ver na ilustração da página 97.

Agora, algumas breves explicações. Esta flecha, Natanael, representa uma *amplitude*. Trata-se de um conceito quântico básico, a que um físico poderia referir-se mais precisamente como "a amplitude da probabilidade de encontrar a partícula no trecho escolhido do muro". Você poderia facilmente refazer a operação com todos os outros trechos do muro, mas seria cansativo, e o computador portátil pode fazer isso para você.

Uma notável regularidade se revela quando as agulhas são unidas pelas extremidades, relativamente a cada trecho do muro, conhecendo-se as correspondentes amplitudes. A flecha relativa aos trechos do muro situados perto das imagens de Namur, Vitry, Dijon e Lyon (onde se encontrava o maior número de partículas nas redes) é mais longa que as demais, ou, como dizemos em nosso jargão, neles a amplitude é máxima. Em contrapartida, nos trechos de muro situados perto de Mézières, Langres e Mâcon (onde nenhuma partícula fora apanhada nas malhas), constatamos que a amplitude é nula. A extremidade da última agulha praticamente encosta na base da primeira. Agora está evidente que existe uma lei! Falta apenas formulá-la com precisão.

As leis quânticas

É preferível explicar as leis quânticas no caso da primeira experiência, quando não havia um muro ao redor de Paris e a rede cobria toda a praça de Ouvir-a-Chuva e sua imagem da França. Exatamente um minuto depois da partida de uma partícula, pouco antes da queda da rede, podemos refazer a mesma operação de encadeamento das agulhas, só que dessa vez levando em conta todos os clones presentes sob uma mesma malha. Enfileirando as agulhas por suas extremidades, obtemos uma amplitude, ou seja, uma flecha. Nem é preciso dizer que uma flecha assinalada numa tela tem um certo comprimento e uma certa direção. O mesmo acontece com a agulha num quadrante de clone, que, no fim das contas, não passa de uma pequena flecha. Os matemáticos utilizam uma linguagem codificada para falar de uma flecha ou de uma agulha situada num plano. Dão a isto o nome de "número complexo". Também dão o nome de "módulo" ao comprimento da flecha e de "fase" ao ângulo que determina sua direção.

Você observou que todas as agulhas dos quadrantes dos clones têm o mesmo comprimento? Poderíamos dizer também que cada clone contém uma fase em estado puro. A flecha de amplitude, pelo contrário, não tem o mesmo comprimento nas diferentes malhas. Esta flecha (este número complexo) também é chamada de "amplitude de probabilidade", pois o quadrado de seu comprimento (o quadrado do módulo do número complexo) é exatamente a probabilidade de detectar a partícula sob a referida malha. A probabilidade é a chance de ganhar, se considerarmos a caça das partículas na rede como uma espécie de loteria.

Mas voltemos ao assunto. Temos, portanto, uma flecha para cada malha, ou seja, para cada um dos lajedos de pavimentação da praça. Os lajedos poderiam ser menores, até mesmo muito pe-

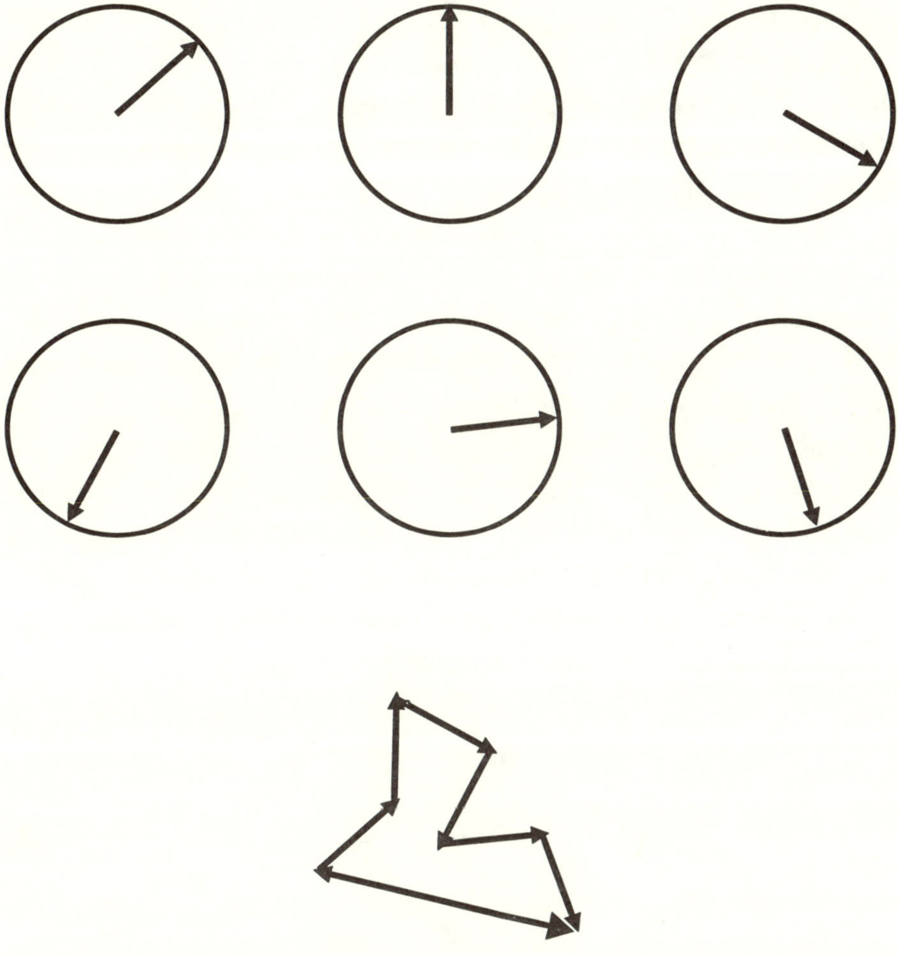

Unindo-se as extremidades de todas as agulhas dos quadrantes dos clones imobilizados no mesmo lugar, obtemos uma flecha que é identificada como uma "amplitude".

quenos. Os físicos gostam de imaginar lajedos infinitamente pequenos. Chamam de "função de onda" a coleção de amplitudes de todos os lajedos. De um ponto de vista matemático, isto redunda num número complexo em cada ponto da praça, exatamente o que havia imaginado Louis de Broglie. Um jogo complicado que permite conhecer a função de onda (uma equação, se preferir) fora descoberto por Schrödinger, e o artifício dos clones o seria mais tarde por Feynman. No fim das contas, o jogo de Ouvir-a-Chuva é o que se pode fazer de mais simples e mais econômico em termos matemáticos para compreender o essencial da mecânica quântica.

O que acabamos de constatar é estabelecido numa lei fundamental dessa mecânica quântica: que o quadrado da função de onda é igual (ou, mais exatamente, proporcional) à probabilidade de encontrar a partícula em determinado lugar (ou seja, à chance de ganhar na loteria quântica se apostamos num dos lajedos). No jogo de Ouvir-a-Chuva, o aparelho de mensuração é a coleção das malhas. Quanto maior for o quadrado da amplitude associada a uma certa malha, maior será a chance de encontrar a partícula sob esta malha. Precisamos apenas desta probabilidade para descrever os resultados das mensurações, pois esses acontecimentos estão inteiramente entregues ao acaso.

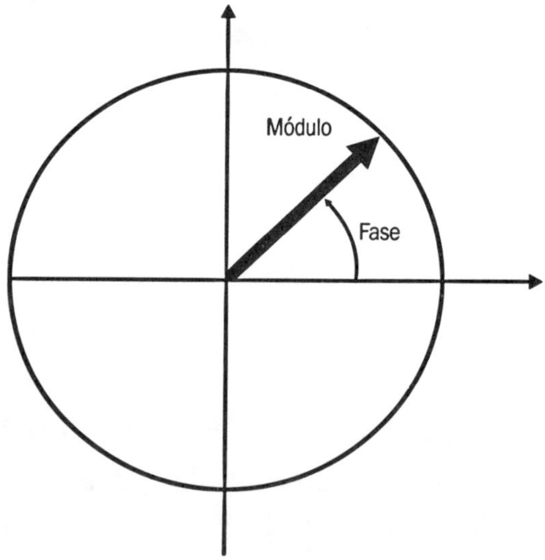

Os matemáticos costumam dar o nome de "número complexo" a uma flecha situada num plano. O comprimento da flecha é então chamado de "módulo", chamando-se de "fase" o ângulo formado pela flecha com um eixo de referência.

Outra lei fundamental estabelece a maneira como a agulha gira no quadrante de um clone. Vimos que esta velocidade de fase é proporcional ao quadrado da velocidade do movimento do clone, pelo menos no caso de uma partícula livre; ela depende também da massa da partícula e da constante de Planck. Esta, naturalmente, não pode ser modificada (ao contrário do que acontece no jogo); trata-se de uma verdadeira constante, cujo valor é muito, muito pequeno, extremamente pequeno, e é esta pequenez que explica por que os fenômenos quânticos têm tão poucas conseqüências visíveis em nossa escala. No fim das contas, todo o segredo da dinâmica, ou seja, o coração das leis da física, reside em saber como a fase de um clone varia ao longo do tempo.

Em suma, acabamos de descobrir o essencial das leis quânticas: as histórias, a evolução das fases de clones que contém a dinâmica, a construção das amplitudes de probabilidade pela soma de agulhas e as probabilidades propriamente ditas, que são os quadrados dos comprimentos de flecha. O jogo de Ouvir-a-Chuva também permite ver a atuação das leis. Podemos assim estudar como os átomos emitem luz, como vários átomos se congregam para constituir moléculas. Várias pessoas podem jogar, cada uma com sua partícula, lançando-a contra as dos outros. Mas será sempre um puro jogo de azar: não há a menor possibilidade de trapacear nem de montar uma estratégia para vencer. Tudo depende do acaso, e este acaso é, por sua vez, governado por leis muito sutis.

Finalmente, Natanael, é possível que certos pontos ainda lhe pareçam obscuros, e é verdade que só abarcamos juntos uma parte muito pequena do imenso campo das descobertas do século XX. Mas fique tranqüilo. Não é necessário entender a mecânica quântica para captar o sentido da ciência. Ainda que você fique apenas com uma impressão vaga do que acabamos de ver, já é suficiente. O importante é que você se livre de idéias preconcebidas, não confundindo, por exemplo, uma lei com um mecanismo automático. As leis, com efeito, são prodigiosamente sutis, e ainda vamos continuar a contemplá-las juntos, se você ainda estiver interessado.

Capítulo 5

O PALÁCIO DAS LEIS

A natureza é um templo em que pilastras vivas
Por vezes emitem palavras confusas,
E nele o homem passa por florestas de símbolos
Que o observam com um olhar familiar.

Charles Baudelaire

Voltamos várias vezes a Ouvir-a-Chuva para jogar partidas quânticas, mas Natanael, nesse dia, não se dirigiu para a praça das partículas, como se desejasse algo diferente que não conseguia definir. Estávamos os três caminhando pelos jardins próximos da praça e acabávamos de nos deter diante de uma coluna monolítica. No centro de um gramado, ela tinha a seguinte inscrição: "A filosofia está escrita num grande livro sempre aberto diante de nossos olhos (refiro-me ao Universo), mas não é possível entendê-lo se não tratarmos antes de conhecer sua língua e os caracteres em que foi escrito. Ele foi escrito na língua matemática, e esses caracteres são triângulos, círculos e as outras figuras geométricas."

Como não havia uma assinatura, Natanael perguntou quem escrevera aquilo. "Galileu", respondeu uma voz sonora, antes que pudéssemos reagir. Voltando-nos, vimos um homem sem idade definida, usando um jaleco de laboratório e tendo na cabeça um boné com a seguinte inscrição: "Ouça." Só podia ser um empregado da cidade de Ouvir-a-Chuva; e não restava dúvida de que fora contratado por sua eloqüência, pois já nos submergia em seu discurso.

"Exatamente, senhores! Exatamente, meu jovem, esses caracteres matemáticos são mesmo muito obscuros. Como gostaríamos que as leis pudessem ser enunciadas numa língua lírica e melodiosa, e não nessa língua abstrata! Mas o fato é que talvez não tenhamos inventado a língua que nos convém, uma língua total *baseada na mutação.* Sinto que estão tremendo nas bases, senhores, pois sei o que estão pensando. Mas tentem imaginar um modo de proclamar as leis que tivesse a grandeza e o entusiasmo do *Hino a Zeus* de Cleantes, o filósofo estóico. Procurem imaginá-las sendo reveladas por um condutor divino a galope numa carroça de guerreiro; seria mesmo impressionante, como as lições de sabedoria de *Bhagavad-gita*, o grande livro da Índia. E como gostaríamos de grandes versos, profundos e fluidos como os dos maiores poetas! O problema daqueles que gostariam que qualquer um fosse capaz de compreender o sentido das leis resume-se no fim das contas a isto: como fazer com que a língua matemática cante? Os senhores acaso conhecem alguém que chore de alegria diante de um teorema? Gosto muito dos versos de Saint-John Perse, como aquele que diz: 'Eaco, deus do abismo, teu bocejo não é mais vasto." Nosso problema é impedir que o abismo provoque um bocejo, senhores.

"Tenho uma idéia", prosseguiu o personagem. "Imagine que me foi inspirada por Santo Agostinho! Em suas *Confissões*, ele fala dos 'palácios da memória' com um entusiasmo irresistível. Fiquei pensando que a memória era mesmo necessária na época de Agostinho, quando as pessoas tinham apenas alguns poucos livros, provavelmente copiados à mão. Mas por que um palácio? Lembrei-me então de uma famosa receita de memorização da Antigüidade, que Agostinho não podia deixar de conhecer. Para lembrar de muitas coisas, as pessoas imaginavam que eram arrumadas num determinado lugar, fosse em casa, num templo ou em algum outro lugar conhecido, e os objetos eram trazidos à lembrança num passeio mental por esse lugar. Para Santo Agostinho e sua memória de elefante africano (ele nascera no território que hoje é o da Tunísia), era necessário pelo menos um palácio para acomodar todo o seu conhecimento. Mas que digo eu? Ele fala de 'palácios'! Assim, pensei em todos os palácios de sonho das lendas e tive a idéia de um palácio das leis. Querem visitá-lo?"

o palácio das leis

— Queremos! — respondemos nós, os adultos, enquanto Natanael acrescentava:

— Para mim, será um grande prazer, mas seria melhor ainda se o senhor não citasse tantas pessoas das quais nunca ouvi falar.

— Combinado! — prometeu nosso guia.

Ele nos conduziu então a uma sala anexa do jogo de Ouvir-a-Chuva, pequena e semelhante a uma dessas salas de projeção de filmes e documentários nos museus.

— É o meu pedaço — disse ele.

Como se estivesse apenas esperando que ele entrasse, a tela se iluminou e pudemos ler este título: "O palácio das leis"; a voz de Ouvir (não tínhamos outro nome para lhe dar) foi então ouvida, comentando as imagens em "off".

"Este é o palácio das leis. Em primeiro lugar, vocês precisam saber que ele evolui, à medida que são feitas novas descobertas. Freqüentemente, isto provoca modificações na ordem e na disposição das salas, e às vezes até revisões na arquitetura, de modo que o que estão vendo é o palácio na época atual. Como podem constatar, ele tem dois níveis. O térreo é de estilo clássico e de amplas proporções. Estão sendo construídas novas alas, para receber os últimos resultados da biologia. O primeiro piso, se assim podemos chamá-lo, consiste em duas torres intermediárias que se projetam a grande altura para o céu. Seus topos parecem indistintos, cabendo perguntar se não deverão um dia unir-se. Uma é a torre do espaço-tempo e a outra, a das partículas, conhecida também como torre quântica.

"As duas torres projetam-se para o alto em movimento de distanciamento recíproco, como dois lírios que desafiassem a gravidade. Isto decorre, naturalmente, do fato de que as leis da gravidade não atuam sobre elas: com efeito, essas leis são encontradas no próprio interior das torres, e não fora delas. Isto nos permite ver todo o palácio flutuando livre da gravidade acima do solo, tal como mostrado agora pela câmera. Podemos inclusive vê-lo ao inverso, como na imagem seguinte. As duas torres parecem, então, dois troncos gêmeos que mergulham profundas raízes no desconhecido. O primeiro andar transforma-se nas copas dessas árvores, misturadas num gigantesco canopi. O clássico pode então ser visto de toda parte, e dá para adivinhar que a seiva do sentido chega até ele a partir dos troncos."

O ESPAÇO-TEMPO

A imagem mostra então uma escada que conduz à torre do espaço-tempo. No pórtico de entrada há uma inscrição, que na voz de Ouvir mostra sobretudo seu lado ao mesmo tempo irônico e alusivo: "Ninguém entra aqui se não for geômetra." A pedra onde está inscrita esta frase célebre teria sido extraída das ruínas perdidas da Academia de Platão. "Vamos ignorar a proibição de entrada para os não-geômetras", prossegue Ouvir, cuja voz já não sabemos se provém do sistema de som ou da boca do homem sentado a nosso lado. "Vamos entrar!" Reina a serenidade no interior da torre. É realmente um lugar de geometria; a quina das paredes é marcada por arestas retilíneas que se projetam sem hesitação, mas que se curvam, sem que o olho consiga entender como; poderosas nervuras de basalto e mármore formam improváveis tabuleiros, ao mesmo tempo em que desenham complicadas volutas que convergem para o alto.

Uma escuridão abissal parece envolver os ângulos de uma galeria, a do início do Universo. "Vejam bem", diz Ouvir, "que o palácio só mostra o que já foi realmente conquistado pela ciência, ou seja, confirmado por experiências e observações irrefutáveis. Vocês encontrarão outros berloques na loja de souvenirs perto da saída. Lá estão à venda teorias, especulações e hipóteses de todo tipo, algumas extremamente belas ou promissoras. Elas supostamente trariam luz ao que ainda parece obscuro nessa galeria, mas, por enquanto, ainda é uma luz frágil. Mas hoje efetivamente a ciência já concluiu que houve algo parecido com um início do Universo. Por isso a galeria do início do mundo faz parte da torre do espaço-tempo."

Comentando as imagens seguintes, Ouvir acrescenta: "A luz que banha o palácio deve-se às leis. As que estão presentes nesta torre dizem respeito apenas ao espaço, ao tempo e à gravitação, três conceitos indissoluvelmente ligados. A teoria correspondente, cujas equações podem ver inscritas nas paredes, tem o nome de relatividade geral. Naturalmente, vocês sabem que ela foi formulada por Einstein, cujo sorriso neste retrato que aqui temos é tão enigmático quanto o da Gioconda (acrescido do bigode)."

primeiro discurso de ouvir

Algo acabava de acontecer. A tela continuava iluminada, mostrando as equações que fundamentam a relatividade geral, equações naturalmente mudas para Natanael, mas espantosas em sua brevidade. A modesta sala parecia ter aumentado, e agora Ouvir estava de pé, voltado para nós, com seu jaleco imaculado. Era provavelmente um efeito acústico e de iluminação que não tínhamos tempo para analisar, pois Ouvir já retomara a palavra.

"Gostaria de falar-lhes das leis de um modo que nunca se usa", disse ele. "Não quero falar de sua aparência ou de sua forma, mas de suas características profundas, de seu ser, por assim dizer. Os dois físicos aqui presentes reconhecerão sem margem de dúvida as leis com que estão familiarizados, só que vistas de um ângulo diferente daquele a que se habituaram. De fato, o que os convido a compartilhar comigo, sobretudo você, Natanael, não é a ciência formal, mas o que está por trás do pensamento, acima e além da ciência formal."

A UNIÃO DOS OPOSTOS

Sua voz adquiriu um tom menos enfático, como se ouvíssemos um professor comentando as equações visíveis na tela. "Eis as equações descobertas por Einstein, que só adquirem vida, como todas as suas semelhantes, quando deduzimos suas conseqüências. Ora, quando as analisamos, constatamos uma propriedade absolutamente extraordinária, ou antes duas propriedades que parecem contrárias, como se dois opostos estivessem contidos na mesma pochette-surpresa.

"Eu explico. A lei universal contida nessas equações admite como conseqüência a gravitação. Trata-se da gravidade comum, a de Newton, aquela segundo a qual a atração de dois corpos é proporcional à sua massa. O efeito dessas forças, naturalmente, é de tender a aproximar os dois corpos um do outro, tal como aprendemos todos. O que, aliás, nada tem de surpreendente, pois Einstein construíra suas equações de maneira a incluir a lei de Newton, pelo menos nas condições da astronomia que a confirmam. Ele tivera, no entanto, de corrigi-la, muito sutilmente na prática, mas muito profundamente em princípio.

"Quando percorrem as galerias da torre do espaço-tempo, como lhes mostra agora a tela, vocês constatam que tudo começou com Newton. Mas foi necessário repensar os conceitos de espaço e tempo quando se percebeu que a velocidade da luz é sempre a mesma, em todas as situações possíveis. Pois bem, não entrarei em detalhes, mas isto gerou uma concepção completamente nova do espaço e do tempo. Havia um problema: esta concepção era incompatível com a teoria da gravidade de Newton, donde a necessidade das correções que mencionei. Donde igualmente o fato de que os princípios se tornavam profundamente diferentes, pois já agora era necessário pensar o espaço e o tempo de uma nova maneira. Foi assim que Einstein chegou ao conceito de espaço-tempo curvo, de tão difícil compreensão. Mas não pretendo levá-los nesta direção.

"O extraordinário é que possamos encontrar algo tão diferente quando não consideramos dois corpos celestes, como por exemplo o Sol e um planeta, mas nos fazemos uma pergunta aparentemente absurda. Que predizem as equações da relatividade geral quando as aplicamos a todo o Universo tomado em bloco, e mesmo ao Universo em toda a sua história, já que o espaço e o tempo são inseparáveis? Constatamos então que a conseqüência disso é uma dilatação, uma inchação no espaço, fazendo com que a distância entre galáxias distantes não tenda a se reduzir, e sim, pelo contrário, a aumentar. É o oposto de tudo que julgávamos saber sobre a gravidade. No entanto, é algo que decorre da própria lei, só que aplicada a questões diferentes e em outras escalas. Notem que é de praxe na física não se deixar enrolar por equações e exigir provas. Tais provas podem advir apenas da experiência e da observação; no caso atual, elas existem, mas não pretendo estender-me nesse assunto.

"O que gostaria de mostrar-lhes é algo de que poucas pessoas têm consciência. As leis, como são conhecidas hoje, não se reduzem a mecanismos, encerrando fenômenos que permitem até conciliar e transcender as aparentes oposições em que tropeçam as palavras, quando não passam de palavras, e que jamais poderiam ser resolvidas pelo pensamento não-matemático. A intuição só pode permanecer muda, e se sente estúpida ou furiosa ante esse tipo de conclusão. Reconheço que é muito doloroso e profundamente perturbador. Mas as leis são profundamente perturbadoras."

As leis criam

Depois de um momento de silêncio, Ouvir recomeçou: "A gravitação comum — aquela que faz com que as massas atraiam as massas — também revela outro aspecto das leis. Não preciso dizer que ela está em ação por toda parte no Universo; vocês já sabem. Mas talvez já não saibam tanto que ela teve de esperar milhões de anos após o nascimento do Universo para se deslindar de seu antagonista, o poderoso efeito de expansão. Este deixava em seu rastro um Universo quase homogêneo, cheio de um gás primordial no qual só era possível distinguir ínfimas variações da distribuição de massa. A partir dali, suave e pacientemente, a gravitação foi trabalhando no sentido de ampliar essas diferenças, cada mínimo excesso de matéria atraindo para si a matéria vizinha. Nuvens de matéria se formaram e se atraíram, como vocês podem ver na tela, o movimento se acelerou, se amplificou, e finalmente apareceram imensas nuvens, as galáxias, um bilhão de anos depois. É possível que buracos negros tenham sido formados em primeiro lugar, mas não me estenderei nisso. O essencial é que a gravitação tenha cumprido sua missão; ela produziu galáxias separadas a partir de uma matéria indiferenciada. A partir daí, não deixaria mais de dominar a grande história.

"As imagens que estão vendo agora são bem conhecidas dos espectadores de documentários. Estrelas formam-se nas galáxias gasosas, sempre graças ao mesmo efeito de atração das massas. Essas estrelas tornam-se cada vez mais compactas, em razão da auto-atração de sua própria matéria. A contração aquece a estrela cuja imagem vocês estão vendo e sua temperatura atinge milhões de graus. Poderíamos dizer que a gravitação age como um oleiro, moldando a matéria antes de levá-la ao forno.

"No forno incandescente do centro da estrela ocorrem novos fenômenos, sob o efeito de outras leis, já agora as das partículas. O calor faz com que a matéria estelar já não passe de um gás comprimido formado de elétrons e núcleos: núcleos extremamente simples, prótons, nessa estrela de primeira geração. Eles entram em reação, como as partículas do jogo de Ouvir-a-Chuva, e se juntam para formar núcleos mais pesados. Começa então a grande alquimia cósmica.

"Chega um momento em que essa alquimia cessa, por motivos sobre os quais, mais uma vez, não me estenderei (é pura ciência formal). Verifica-se então uma sucessão de fenômenos decorrentes da gravidade, como mostram as imagens. A matéria da estrela desmorona em seu centro, e em seguida a maior parte dessa matéria é dispersada no espaço por uma onda de choque. O gás ambiente é enriquecido com núcleos mais pesados que o hidrogênio, e pode então surgir uma segunda geração de estrelas, reproduzindo as etapas anteriores: contração, aquecimento, alquimia nuclear, durante mais alguns bilhões de anos. O Sol, como sabem, é uma dessas estrelas de segunda geração."

As imagens sucedem-se agora em velocidade cada vez maior, acelerando-se também o discurso de Ouvir. "A gravitação prossegue em sua obra de criação. Vocês podem vê-la formando embriões de planetas, e em seguida planetas, pela atração gravitacional desses "planetesimais". Inicialmente, o planeta é muito quente, sempre em decorrência da energia obtida por atração. Ele é líquido, os átomos se decantam como limo num tanque, dirigindo-se os mais pesados de preferência para o centro. A lei da gravitação, que é já agora a lei da gravidade, continua a *diferenciar* a matéria. E continua agindo. Sem ela, não haveria separação entre a crosta e o manto da Terra, nem amplos movimentos convectivos nas profundezas, nem novos continentes ou reaquecimento dos antigos no forno, nem relevos montanhosos, nuvens ou rios: apenas um vasto oceano sobre um fundo adormecido. É ela que mantém ao redor do planeta o ar que respiramos. Poderíamos prolongar indefinidamente a lista de suas ações, enquanto ela vai escrevendo diante de nossos olhos a maravilhosa história do mundo.

"E devo aqui falar, Natanael, acerca do surgimento da vida. Também ela certamente tem início por um processo criador, o das moléculas orgânicas, e desta vez quem está no comando é a química, que é completamente regida pelas leis quânticas.

"Mas o que está acontecendo? Você parece surpreso, Natanael, pelo fato de atribuirmos às leis a faculdade de criar, mesmo com todos esses exemplos. Talvez seja uma questão de mensagem e convenha dizer as coisas de outra maneira. Poderíamos dizer: as leis da relatividade geral são intemporais, já que regem aquilo que o tempo é. Trazem em seu bojo uma série de possíveis aplicações, que podem ou não ter algum sentido, de acordo com as circunstâncias: foi o que vimos a respeito da expansão do espaço e da gravitação. Essas aplicações, essas conseqüências, estão potencialmente nas próprias leis, já que delas são deduzidas matematicamente, pelo menos em princípio.

"Utilizando outras palavras, também poderíamos dizer que muitos fatos da história do mundo estão presentes fora do tempo, nas leis, como potencialidades, como possibilidades antecipadas por essas leis. É a história do mundo que faz com que apareçam, página após página. Dizer "ler", "realizar", "reificar" (palavra de filósofo que significa dar realidade àquilo que pode ser pensado) ou dizer "criar" é pura questão de linguagem. Ao dizer que as leis criam, portanto, estou dizendo simplesmente que elas são como páginas escritas antecipadamente, fora do tempo, que por sua vez vai permitindo que sejam lidas uma a uma. Caberia dizer, então, que é o tempo que cria? Nem seria preciso dizer isso, mas ele o faz apenas em função das circunstâncias. E de onde vêm essas circunstâncias? Do tempo passado e daquilo que as leis já permitiram.

"Mas isto não significa que 'tudo está escrito'. As páginas contêm apenas formas, categorias de possibilidades, e não acontecimentos. Cada página torna-se legível ou não, neste ou naquele momento, aqui e ali, e isto é tudo. Pode-se inclusive conceber, e é mesmo provável, que inúmeras páginas jamais venham a ser lidas, permanecendo para sempre fechadas. Os homens de amanhã provavelmente lerão outras, que existiam potencialmente e desde sempre estavam disponíveis, mantendo-se prontas para os próximos milênios. Pelo menos é o que eu espero."

A liberdade quântica

Saíramos para relaxar um pouco no terraço de um café. Ouvir falava de seus problemas. Sua grande dificuldade era a apresentação da torre quântica. "Sabem como é", explicava, "essa física quântica é abstrata demais para um filme. E olha que eu ponho muita ação, como essa briga, quando os átomos se chocam e cospem luz, e incluí também cenas de atração entre moléculas, mas com isto tenho a impressão de estar voltando atrás dois mil anos, quando os filósofos só eram capazes de conceber a física como um jogo de ódio e amor.

"Naturalmente, apresento a torre quântica em suas verdadeiras proporções, mostrando-a em imensas dimensões, maior que a do espaço-tempo e abarrotada de tesouros. Mas o meu problema é mostrar esses tesouros, e acontece que, se posso mostrar o raio laser, o transistor e o computador, a eletrônica e os materiais compostos, o resto é abstrato demais para meu filme, tudo uma questão de fala, e não de imagem. Eu digo: 'Aí estão todos os segredos sobre os quais os pensadores se questionaram durante séculos; aí está explicado por que a rocha é impenetrável, enquanto a água é fluida, por que o cobre é condutor de eletricidade e o seu óxido é isolante, por que o ferro pode ser imantado. Vocês verão o que é a cor e o que é a natureza da luz. Obterão todas as explicações sobre o calor e os movimentos ocultos dos átomos. Dessa maneira, as *qualidades* da matéria lhes serão apresentadas e comentadas; tudo aquilo que a física e a química de antigamente eram capazes apenas de mensurar, sem compreender, podemos agora desvendar e calcular: a resistividade do cobre, o índice de refração da água, os elementos químicos de uma reação — a lista não teria fim. E, sobretudo, não esqueçam as maravilhosas leis que governam as partículas.'

"Sim, eu digo tudo isto, mas, assim que começo a explicar detalhadamente, a coisa se torna abstrata e caímos nas matemáticas. Tentei transformar isto num espetáculo. Mostro equações, como um desenrolar de hieróglifos ao longo de colunas que sobem até a abóbada. Digo que são tranças de signos que desatam e bordam as conseqüências das leis fundamentais, e que estas, as primeiras ou as últimas, conforme sejamos teóricos ou experimentadores, estão majestosamente inscritas no ponto mais alto da torre. Recorri a citações de poetas, como Stéphane Mallarmé: 'Luxo, ó salão de ébano onde, para seduzir um rei, severas volutas se enrolam laboriosamente', mas Mallarmé não parece facilitar a compreensão das coisas. Sinto-me como se fosse Aladim saindo da caverna para onde fora enviado pelo mago e sem poder contar o que viu, pois os que o ouvem não sabem o que significam as palavras 'ouro, rubis e diamante' por ele pronunciadas."

A liberdade das possibilidades

Após um breve momento, Ouvir pareceu recobrar o entusiasmo, dirigindo-se a Natanael. "Algo costuma mexer muito com meus visitantes. Trata-se de outra característica das leis, mas apenas das leis quânticas: a liberdade." Ele começou por falar do cabresto fatalista do determinismo clássico. Disse que a maioria das pessoas continua vendo as leis dessa maneira, e somente dessa, pois é assim que elas se apresentam a seus olhos. Se tomarmos o exemplo de uma bola de futebol, temos um objeto clássico perfeito, e um pontapé bem dado lhe dá um impulso e uma rotação sobre si mesmo — um efeito —, a partir dos quais sua interação com o ar determina sua trajetória, sem que nada mais possa mudá-la, senão um novo pontapé. A curva por ele traçada no espaço pode ser belíssima, mas os aplausos nunca vão para a pobre bola tão determinada, pois ela está tão submetida às leis inexoráveis de Newton quanto aos pontapés de seu discípulo Zidane.

No entanto, uma das principais características das leis quânticas, além dessas aparências, é que dão livre curso às possibilidades. A torre quântica, quando nela nos encontramos, lembra a maravilhosa abadia de Thélème, cuja regra foi escrita por Rabelais: "Faça o que quiser." É a regra absoluta no mundo quântico. Nele, tudo é possível, e é esta a única realidade.

"Lembre-se do jogo de Ouvir-a-Chuva", disse ele a Natanael. "Já viu que o acaso decide a posição de uma partícula no momento da mensuração: qualquer resultado é possível, desde que sua probabilidade não seja zero. Certos físicos começaram a se perguntar se este acaso não seria apenas uma aparência, não sendo os resultados das mensurações determinados por mecanismos ocultos. Em 1964, John Bell descobriu a maneira de testar esta hipótese com uma experiência que foi realizada por Alain Aspect e outros, concluindo pela resposta negativa. Temos portanto de fechar parênteses e admitir a existência de um acaso absoluto, a-causal, no mundo quântico. Assim, para você ter uma idéia, imagine que um demiurgo maroto maliciosamente introduza leis quânticas num estádio de futebol. A bola não poderia mais ser vista, por causa das relações de incerteza. O juiz nem se daria mais ao trabalho de correr, pois a bola poderia estar em qualquer lugar. Os jogadores, privados de referenciais e de belas trajetórias, jogariam às cegas, como se fossem átomos, cabeceando e chutando para cá e para lá, ao acaso; de vez em quando, um deles sentiria um choque na ponta do pé: sim! Ele chutou a bola! Mas aí a angústia seria enorme, pois ele não saberia se a bola estava indo para a meta do adversário, para a lateral, para corner ou para a própria meta. As malhas seriam o instrumento de mensuração capaz de detectar a bola, como em Ouvir-a-Chuva, mas a partida não passaria de um jogo de loteria. Tudo seria joguete do acaso, e a moral da história seria dada pela bola: faça o que quiser!

"Mas o mundo quântico oferece um lugar ainda mais amplo à liberdade, por meio da multiplicidade de suas possibilidades. Você se lembra das histórias de Feynman e dos clones que as percorrem no jogo de Ouvir-a-Chuva. Acontece às vezes de uma partícula partir de Paris e ser detectada em Lyon, o que faz parte das possibilidades do acaso. Mas você viu também que a probabilidade do resultado é determinada por uma amplitude (uma flecha), e que esta resulta de uma multidão de amplitudes de histórias (as agulhas nos quadrantes dos clones). Assim, a possibilidade de chegar a Lyon ao fim de um minuto é controlada por uma infinidade de possibilidades mais sutis, a infinidade de todas as histórias — ou dos clones — que partem de Paris e chegam a Lyon um minuto depois.

"Mas ainda há mais. Quando formamos a flecha 'amplitude' unindo todas as agulhas dos clones, elas têm o mesmo comprimento. Diferem apenas por sua fase, ou seja, sua orientação no quadrante. Todas contribuem para o resultado com o mesmo peso, ou, se preferir, todas têm voz igual na decisão final. Assim, todas as possibilidades de histórias concebíveis contribuem igualmente para o resultado final, e cada história é absolutamente banal. Sua única moral é: 'Faça o que quiser, e seja o que Deus quiser.' Assim, a liberdade, ou a multidão de possibilidades que constituem sua forma radical, está profundamente implantada no próprio coração da mecânica quântica e de suas leis. A liberdade total é o que existe por trás do acaso absoluto."

ouvir se revela

Natanael parecia perdido em sonhos, e nós, que o estávamos olhando, não prestávamos mais atenção ao que nos cercava, até que tivemos uma sensação de ausência. Ouvir não estava mais ali; sem que tivéssemos notado o desaparecimento, sua silhueta não podia ser vista em qualquer ponto da praça. Mas ele não devia estar longe. Como se estivesse acordando, Natanael também o procurava com o olhar. Mas não pareceu surpreso com o desaparecimento do guia, perguntando simplesmente: "Mas ele é um homem?" Nós nos fazíamos a mesma pergunta, e a resposta nos parecia óbvia, mas não tínhamos coragem de enunciá-la.

— Se não for um demiurgo, não entendo o que ele poderia ser — finalmente um de nós murmurou.

— Um demiurgo! — exclamou Natanael —, como aquele sobre o qual me falavam, e que eu julgava saído da imaginação de vocês!

— Você também tem muita imaginação, Natanael, e é perfeitamente possível que nós três o tenhamos inventado. Na Idade Média, muita gente acreditava ver o diabo; discutiam com ele, xingavam-no ou tremiam diante dele. Outras pessoas vêem a Santa Virgem ou o anjo Gabriel, outras recebem a visita de Buda. Nós três estávamos conversando com um demiurgo, e provavelmente nossos xaropes eram menos inocentes do que parecem.

— Um demiurgo! Uau! Pena que ele tenha ido embora antes que eu soubesse disso — voltou Natanael. — Eu lhe teria perguntado...

Sem conseguir concluir a frase, ele arregalou os olhos, pois bem à sua frente, na cadeira ainda há pouco vazia, Ouvir estava sentado e nos olhava, sorridente.

— Que é que você me pediria? — perguntou a Natanael, que engoliu em seco, hesitou e depois respondeu:

— Eu lhe teria perguntado, Senhor Ouvir, nosso Grande Mestre, Eminência...

— Ouvir é o suficiente. Mas o que é que ia dizendo?

— Eu estava pensando que o senhor não mostrou o palácio das leis como é atualmente, com as leis que os pesquisadores descobriram até agora; e fiquei me perguntando como ele será amanhã, daqui a um século ou talvez mais ainda. O senhor sabe?

Evitando responder, Ouvir disse:

— Você é jovem, Natanael, e contempla o futuro tentando enxergar longe, o mais longe possível. É o que sempre apreciei na espécie humana. Não vou aqui revelar-lhe o futuro, embora você pareça julgar que o conheço. Não é verdade, tenho no máximo uma intuição do que é possível. Isto me tem sido útil na carreira, sobre a qual não vou aqui me estender, mas quero dizer-lhe o seguinte:

"Existem várias maneiras de encarar a ciência. A primeira é a que acabo de lhe mostrar, o palácio das leis. Nele, podemos nos compenetrar dos dados conhecidos, comprovados, dos fatos bem estabelecidos e das leis que os sustentam. É de certa maneira a contemplação do conhecimento.

"Existe também a pesquisa, que vai aos poucos acrescentando tijolo após tijolo às alas do palácio. É muito trabalho, freqüentemente frustrante, mas que também dá um prazer interior, mais que humano, quando a natureza concorda em responder à pergunta que lhe é feita. Isto pressupõe, naturalmente, que a ciência seja incompleta, e que ainda haja curiosidades a satisfazer, tesouros a encontrar e mesmo horizontes a descortinar.

"Há quem pergunte o que ainda estaria por ser descoberto, questionando-se sobre o futuro da ciência, sobre o que ainda seria possível conhecer neste Universo. Não posso revelar segredos que não me pertencem, mas considero que ainda há muito a fazer.

"Assim foi que lhe disse que as duas torres do palácio das leis, a quântica e a do espaço-tempo, certamente acabarão por se unir. Ainda ouvimos notas dissonantes quando elas funcionam juntas, e ninguém ainda é capaz de harmonizar suas leis. Isto acontece em distâncias extraordinariamente pequenas, da ordem de 10 potência menos 35 metros,[1] mas os seres humanos sempre fo-

[1] Ou seja, um milionésimo de bilionésimo de bilionésimo de bilionésimo de centímetro!

ram capazes de encontrar uma nova coerência toda vez que ela parecia escapar-lhes; e neste caso estão de novo procurando. Considero que devem mesmo fazê-lo.

"Talvez você esteja pensando que chegou ao fim, pois sua imaginação não é capaz de ir mais longe. Mas pense bem!

"Não cabe a mim revelar certos segredos. Cabe aos seres humanos descobri-los, e não estou aqui para desestimulá-los. Vejo um brilho em seus olhos, Natanael. Em que está pensando?"

— Eu estava me perguntando — respondeu o rapaz — se um dia será possível entender o essencial, do átomo ao homem e mesmo até a sociedade humana, por meio de leis transparentes que seriam a fonte de nossa liberdade. Será que é possível?

— Por que não? Mas neste caso o homem e a sociedade humana terão mudado muito.

Ouvir desaparecera novamente. Mas nem por isso Natanael deixara de murmurar: "Por que não? Por que não? E depois..."

Capítulo 6

A TRANSMUTAÇÃO DAS LEIS

Os dois andares do palácio das leis só se comunicam por escadas secretas, o que gera um grande risco de confusão. Vale lembrar que há um andar "clássico" onde é descrito com perfeição tudo que temos diante dos olhos, tudo que se nos apresenta aos sentidos, tudo aquilo a que nossa espécie se adaptou desde sempre. Nosso cérebro traz essas marcas; ele se constituiu em contato com objetos palpáveis, visíveis, todos de enorme tamanho em relação ao átomo. O segundo andar do palácio, em contrapartida, apresenta uma torre quântica em que tudo parece estranho ao cérebro humano. As coisas que ali encontramos seriam inacreditáveis se não tivessem sido confirmadas por inúmeras experiências e não continuassem a sê-lo a cada dia.

"Que há de estranho nisso tudo?", perguntarão alguns. "Quando as legiões romanas conquistaram a Grã-Bretanha no tempo do imperador Cláudio, os combatentes bretãos tiveram medo de uns poucos elefantes e de uma vintena de camelos que acompanhavam os romanos, que eram para eles uma visão inédita. Acontece que há, no máximo, um século temos certeza de que existem átomos, e se isso continua sendo estranho, é porque está fora de nosso espaço mental. Basta se acostumar, e muitos já o fizeram, como os ingleses, sucessores dos bretãos de antigamente, que já não eram alérgicos aos elefantes do exército das Índias nem aos camelos do Egito. Qual a diferença?"

Existem muitas diferenças, mas por enquanto é suficiente destacar uma delas. É muito mais difícil apreender a quântica do que uma manada de elefantes; seus hábitos, ou, se preferirem, as suas leis, parecem por demais chocantes para a razão comum. Com efeito, a quântica baseia-se numa liberdade absoluta das possibilidades, que na prática se traduz num acaso integral. Nossa razão, contudo, detesta esse tipo de liberdade na matéria. Os filósofos mais sóbrios e exigentes, de Aristóteles a Kant, sempre situaram a causalidade no centro da razão humana. A dar-lhes crédito, todo efeito deve ter uma causa, e toda causa, acarretar infalivelmente um efeito, caso contrário o pensamento não poderia existir. Esta regra da causalidade é válida no andar clássico do palácio das leis, e já vimos que ela adquiriu a forma do determinismo depois da descoberta das leis de Newton. Estamos, portanto, diante de dois andares superpostos, um dos quais respira liberdade absoluta, ao passo que o outro está submetido a uma causalidade tirânica. Opõem-se então dois contrários, o acaso e a necessidade, o branco e o negro, liberdade sem limites e rígida limitação, parecendo impossível conciliá-los.

No entanto, eles se harmonizam, como hoje sabemos, e é possível explicar isso. Sim, Natanael, explicar.

Este problema — e outros que dele são próximos — só foi resolvido nos vinte últimos anos. Observemos que isto significa que três quartos de século separam o momento em que a questão se manifestou daquele em que a resposta teórica foi atestada pela experiência. Três quartos de século é muito tempo, em todo esse período é possível dizer e escrever coisas sobre o assunto, finas observações, belas idéias, hipóteses, especulações e também patranhas. Infelizmente, são as especulações já agora abortadas e certas patranhas incansavelmente repetidas que nos obrigam, Natanael, a infligir-lhe esse esforço todo.

Eis aqui uma delas, sob várias formas:

• *Forma de quem pontifica*: As decisões de um observador afetam o significado de uma experiência quântica.

• *Forma de quem filosofa*: A ciência quântica não é objetiva (ou seja, ela não seria independente do observador); ela é subjetiva (ou seja, inevitavelmente dependente do observador humano).

• *A mesma, em tom mais forte*: É a consciência do observador humano que determina o resultado de uma experiência (especialmente a de uma mensuração quântica).

• *A variante "ciência oculta"*: O espírito pode, portanto, agir diretamente sobre a matéria.

Como hoje temos certeza de que a versão daquele que pontifica não passa de uma deformação enganosa da realidade, fica evidente que a versão filosófica é um contra-senso, e que a última, parapsicológica, não passa de pura patranha (sendo a penúltima uma antiga hipótese abortada). A questão poderia parecer resolvida, mas o impacto das versões deformadas sobre as mentalidades é por demais profundo e enganoso para que as tratemos apenas com desdém. É muita exposição nos jornais e em programas de televisão, uma quantidade infindável de livros, sérios ou delirantes, pelos mais diversos tipos de autores, cientistas, filósofos, vulgarizadores ou gurus. Depois de tudo isso, a ciência quântica fica parecendo das mais suspeitas ao bom senso, quando não inflama as meninges dos ocultistas. Outra baboseira segundo a qual haveria múltiplos universos não contribui em nada para esclarecer os fatos. Mas pelo menos não é tão grave. Trata-se, no máximo, de uma hipótese metafísica, que por sinal nada explica de substancial, tão impossível de demonstrar quanto o seu oposto, e sem qualquer conseqüência prática.

Por isso precisamos falar dessas questões, embora a maioria das pessoas possa achar que está muito distante delas; é preciso explicar como e por que elas lhes dizem respeito diretamente. Mas quanto a você, Natanael, e quanto aos que se parecem com você, não precisam continuar a nos dar ouvidos. Basta que se fiem no bom senso para logo perceber que as idéias anteriores eram estranhas demais para serem verdadeiras, reconhecendo, como nós, que se tratava apenas de baboseiras indignas de nossa lembrança. Vamos, então, abra um sorriso e vamos em frente.

o gato de schrödinger

Um grave problema foi descoberto por von Neumann no início da década de 1930, sendo posteriormente analisado e divulgado por Schrödinger. Eis a seguir o princípio de uma célebre experiência de pensamento, por meio da qual este cientista expôs o problema. Um núcleo radiativo é colocado diante de um detector. Imaginemos, para simplificar, que a radioatividade resulte da emissão de uma partícula alfa que saísse do núcleo para acabar no detector. Dois tipos muito distintos de histórias serão então possíveis: numa delas, a partícula ainda está no núcleo no momento em que a experiência é interrompida; na outra, ela já chegou ao detector. A teoria quântica do jogo de Ouvir-a-Chuva é capaz de explicar a experiência, mediante ligeira adaptação.

Podemos imaginar que duas malhas sejam estendidas respectivamente em torno do núcleo e em torno do detector, se quisermos ficar próximos das condições do jogo já conhecido. As duas famílias de histórias correspondentes são análogas às coleções de clones que iam dar neste ou naquele trecho de um muro, tal como descrito anteriormente. Podemos ainda proceder ao enfileiramento das agulhas dos clones em cada uma das duas famílias, e obtemos assim duas amplitudes de probabilidade, uma para o caso de o núcleo manter-se intacto e a outra para que ele se tenha desintegrado. Se lembrarmos que uma função de onda é a coleção de todas as amplitudes de probabilidade, ela consiste simplesmente nessas duas amplitudes (nesses dois números complexos), no caso em questão; continuar a chamá-la de "função" apresenta certa ambigüidade que pode confundir os neófitos, e por isso evitaremos fazê-lo, simplesmente descrevendo o "estado" do núcleo.

Von Neumann pretendia tratar o detector como um objeto que, por sua vez, também obedecia, como um todo, às leis quânticas. Note-se que este "como um todo" continha uma armadilha, pois os teóricos gostam de simplificar, o que por vezes pode pregar-lhes peças... Mas não vamos antecipar o fim da história... Von Neumann constatou então que o estado do detector era exatamente semelhante ao do núcleo, sendo portanto composto de duas amplitudes. Além de uma análise mais aprofundada, Schrödinger teve a idéia de tornar o problema mais palpável, convidando um gato a participar da experiência. Foi o mais célebre dos gatos, pelo menos entre os que são acariciados por físicos, mas ele sofreu com isso. Um "dispositivo diabólico", segundo expressão do próprio Schrödinger, fazia com que o detector lançasse um jato de veneno que matava o pobre animal logo que ocorria uma desintegração. Quando Bichano, por sua vez, também é apresentado como um todo, seu estado é mais uma vez reduzido a dois números complexos (e mesmo a um só, depois de um toque suplementar de matemáticas).

Quantos comentários não foram feitos a respeito! Disseram que o gato está ao mesmo tempo vivo *e* morto, embora se esperasse que, na pior das hipóteses, estivesse morto ou vivo, o que reduziria o caso a uma banal loteria, a um jogo de roleta-russa para gatos, em suma. Este problema poderia ser resumido da seguinte maneira:

como seria possível descrever o estado em que se encontra um gato, um gato de verdade, um gato real, por meio de um número complexo, um desses números que costumavam ser chamados de "imaginários", para deixar bem claro que não são números verdadeiros?

Esses dois problemas — o da comunicação entre os dois andares, o clássico e o quântico, e o do estado do gato — por muito tempo atrapalharam a compreensão das leis quânticas, fosse diretamente, fosse por contágio. É o que podemos ver pela solução desesperada certa vez proposta por von Neumann: uma intervenção da consciência do observador, que, por assim dizer, "clacicizaria" o que estava observando. Na realidade, o argumento não deixa de ser irônico. Von Neumann supunha, com efeito, que a consciência era por essência incapaz de ver duplamente, ou seja, de ver um gato morto ao mesmo tempo que vivo. Isto acontecia antes da moda da psicopatologia, pois, afinal de contas, se alguma coisa neste mundo é capaz de desdobramento, é precisamente a consciência. A situação fica até engraçada a partir do momento em que a maioria das experiências deixa de ser controlada por um observador humano, sendo seus resultados registrados diretamente por computadores. Seria possível imaginar que uma forma de consciência de computador ainda possa resolver o problema para nós? Ninguém se arriscaria.

Ora, quem foi que inventou o computador, alguns anos mais tarde? Ninguém senão o próprio von Neumann! Podemos supor que ele era inteligente demais para levar a sério por um momento sequer as baboseiras que acaso clonassem suas idéias.

A descoerência

Vejamos como estão as coisas hoje em dia. Havia três problemas irritantes, um de natureza lógica, outro dizendo respeito à relação de correspondência entre os conceitos quânticos e clássicos, e o terceiro, o do gato: como um objeto macroscópico (vale dizer, constituído de numerosos átomos, como acontece com um gato) pode parecer morto ou vivo? Estes três problemas estão atualmente resolvidos, e suas soluções foram confirmadas por belas experiências.[1] Todavia, preferimos nada dizer sobre os dois primeiros problemas, pois seriam necessários cálculos matemáticos com os quais não queremos inutilmente atrapalhar o leitor. Concentremo-nos portanto no terceiro.

Sua solução pode ser facilmente descrita se voltarmos à imagem do palácio das leis. Os dois andares, clássico e quântico, não são separados por um teto espesso, como pretendia Bohr, comunicando-se por um grande poço. Na entrada desse poço encontra-se um filtro cujo funcionamento é oposto ao dos filtros comuns. Os objetos físicos compostos de muito poucos átomos são retidos pelo filtro e enviados de volta ao andar quântico. Os objetos muito grandes, macroscópicos, constituídos por muitos átomos, atravessam o filtro e chegam ao andar clássico. Existem, além disso, sistemas físicos excepcionais, fabricados pelos físicos, que são capazes de enganar o filtro, mas não nos deteremos neles. O nome desse poço é "descoerência" ou "transmutação das leis".

Tomemos o exemplo de um gato e consideremos seu estado à saída do famoso dispositivo diabólico. Poderíamos objetar que

---

[1] Essas experiências envolveram numerosos pesquisadores, que não podem ser todos citados aqui (e, por sinal, uma das características da ciência é que, como no caso das catedrais, suas pedras não precisam ser assinadas). Em língua francesa, podemos encontrar maiores detalhes em dois livros de um dos autores (R. Omnès), *Philosophie de la Science Contemporaine*, Paris, Gallimard, "Folio-essais", e *Comprendre la Mécanique Quantique*, Paris, EDP-Sciences. O primeiro, voltado a um público de não-especialistas, não tem equações, mas o segundo, sim.

um gato é um ser vivo e não um objeto físico, mas os biólogos nos dizem que os seres vivos estão sujeitos às mesmas leis físicas e químicas, de modo que pouco importa. Se isto o incomodar, substitua sempre a palavra "gato" por "agulha de voltímetro", pensando naquela que se encontra no contador Geiger (ou seja, no detector) da experiência de desintegração inicial (sem gato).

Um gato de boa qualidade contém aproximadamente, incluindo todos os átomos, cinco a dez bilhões de bilhões de bilhões de elétrons e outros tantos prótons, sem contar os nêutrons. É uma bela soma. Nessas condições, caberia perguntar se é razoável reduzir a descrição do estado do gato ao resultado da experiência com um único número quântico, e se a chave do problema não estaria aí.

Von Neumann, Schrödinger e seus seguidores, naturalmente, não eram ingênuos; eles tinham uma resposta. Escoravam-se naquilo que denominamos "linearidade" da equação de Schrödinger, linearidade que equivale, no jogo de Ouvir-a-Chuva, ao seqüenciamento das agulhas associadas às histórias para formar as amplitudes (ou seja, as flechas das quais extraímos probabilidades). O seqüenciamento é uma operação linear, o que significa que, juntando duas flechas pelas pontas, obtemos mais uma flecha (sendo uma flecha um segmento de linha reta, donde a palavra "linear"). Esta propriedade, portanto, está enraizada nos princípios quânticos, de onde não podemos desenraizá-la.

Que seja, mas que podemos nós conhecer de um gato? Podemos contemplá-lo, observar a posição da cabeça, a cauda, as orelhas etc. Podemos contar seus pêlos, olhá-los pelo microscópio, e até mesmo pelo microscópio eletrônico, se for o caso. Podemos observar suas células, os organitos nelas presentes, o ADN nos núcleos celulares. Temos aí uma quantidade enorme de dados concebíveis, mas ainda assim muito menos que o dos elétrons de seu corpo. A observação não pode, portanto, atingir o nível quântico do gato, sua função de onda ou suas amplitudes internas de probabilidade. Realmente não pode, mas seria uma questão de recursos ou uma questão de princípio? Não seria possível saber tudo sobre o gato enquanto agregado de partículas utilizando aparelhos mais poderosos?

É o cálculo que nos permite responder. E com efeito constatamos, a partir das leis fundamentais, que o prodigioso aparelho capaz de revelar tudo sobre o gato quântico por si só exigiria uma quantidade infinitamente maior de matéria que a existente em todo o Universo. Assim, nem todos os recursos disponíveis no Universo permitem que conheçamos tudo sobre um gatinho.

É aí que intervêm os teóricos. Eles decidem que, no estado do gato, deve ser levado em conta apenas o que é passível de ser conhecido; é muita informação, mas muito menos do que o que é inacessível e não pode ser conhecido. O teórico passa, portanto, uma borracha matemática sobre o que não pode ser conhecido, para ver aquilo que se torna passível de ser conhecido (note-se que se trata do que pode ser conhecido "em princípio", e não apenas do que o observador humano pode alcançar). Ele procede, portanto, a um cálculo para eliminar o que não pode ser conhecido, constatando um efeito prodigioso, o mais rápido que existe, ao qual dá o nome de "descoerência". A eliminação atua como um poderoso efeito de interferência que determina o desaparecimento de todo e qualquer traço dos números complexos e de suas fases. Mas não espere que apresentemos uma explicação mais precisa, pois imagina-se que, se houvesse uma maneira simples de adivinhar a ação desse efeito mediante um pouco de intuição, o problema não teria dado tratos à bola de tanta gente por tanto tempo.

Assim, no fim das contas, os dois andares, clássico e quântico, comunicam-se através de um poço dotado de um filtro. Os objetos da torre quântica obedecem às leis da liberdade absoluta, mas estas são uma pura forma matemática sobre a qual podemos pensar, mas que só podemos aplicar diretamente a objetos simples, os que não atravessam o filtro: as partículas, os átomos e diversos aspectos das moléculas leves, mas nem todos os detalhes das moléculas mais pesadas. Além desse limite, quando os objetos se tornam grandes demais, devemos recorrer ao que pode ser conhecido, que se comporta de outra maneira: de maneira clássica.

Isto não significa que as leis fundamentais deixam de ser verdadeiras, mas elas adquirem outra forma porque exigimos que digam o que pode ser conhecido, que se restrinjam àquilo que nós mesmos (ou o que quer que seja no Universo) podemos conhecer ou mensurar. Ressalvar "ou o que quer que seja no Universo" não é apenas, naturalmente, uma questão de estilo, pois significa que ficamos nos limites da objetividade. A restrição àquilo que pode ser conhecido *em princípio* provoca uma autêntica transmutação das leis, uma mudança de suas características aparentes, sendo uma das grandes descobertas filosóficas da nossa época.

A transmutação das leis

Utilizamos a velha palavra "transmutação" que os alquimistas usavam para exprimir o efeito da pedra filosofal. Essa pedra mágica supostamente transformava o chumbo em ouro (ou talvez ameaçasse transformar o ouro em chumbo, mas isto não era mencionado). A descoerência transmuta as leis; ela muda suas características e suas aparências, embora ninguém pense em afirmar que as leis fundamentais, quânticas, tenham desaparecido. Elas continuam a ser as únicas universais, e a nova forma que as vemos assumir no andar clássico é apenas um caso particular, válido apenas para os objetos macroscópicos quando tiverem sido eliminadas inúmeras quantidades quânticas, inacessíveis. As conseqüências disso são profundas, mas bastará mencionar as que dizem respeito ao contexto deste livro.

As interferências desaparecem. O que mais impressiona os especialistas é ver que as interferências quânticas desaparecem no nível macroscópico. Vamos tentar ser precisos para que a coisa fique mais clara. Uma das características essenciais das leis quânticas é a sua linearidade. Isto significa que, quando somamos duas amplitudes, obtemos uma outra amplitude igualmente válida; quando somamos duas funções de onda, obtemos uma outra função de onda, e esta propriedade fundamental é que levava von Neumann e Schrödinger a considerarem que seria impossível escapar-lhe. Por isso este último não conseguia superar o dilema de um gato ao mesmo tempo morto e vivo, pois o estado formal do gato era a soma de duas funções de onda, uma das quais representava um gato morto, e a outra, um gato vivo. Mas a descoerência destrói a linearidade. Dizemos também que ela destrói a coerência entre as fases, donde o nome que lhe foi dado.

Isto nada tem de surpreendente, pois, quando nos debruçamos sobre os resultados, constatamos que a eliminação das quantidades quânticas inacessíveis depende da eliminação das funções de onda. A expressão exata da função de onda de um gato, com efeito, é incomparavelmente mais difícil de atingir que suas quantidades visíveis. Nada poderia ser mais esperado que este resultado, pois ninguém jamais viu nada que se parecesse com uma superposição quântica de estados de um gato ou de uma agulha de voltímetro. Em compensação, finalmente entendemos que isso não pressuponha leis de natureza diferente nas escalas microscópica e macroscópica. Somente suas formas é que são diferentes, pois não dizem respeito às mesmas quantidades. As leis quânticas são em tese verdadeiras no caso do gato, mas na prática são inutilizáveis; as leis macroscópicas são úteis na prática, especialmente no caso de um gato ou de um voltímetro, mas estaríamos cometendo um grave erro se tentássemos aplicá-las a um átomo.

Acrescentemos que a descoerência não é uma ação instantânea; ela precisa de certo tempo para entrar em ação, embora esse tempo seja incrivelmente curto. Com efeito, basta que uma agulha de voltímetro tenha sido atingida por algumas moléculas de ar, ou que o esboço de um início de contato afete os átomos de seu eixo, para que a descoerência já tenha feito seu trabalho de "desquantificação". Por sinal, isto ficou em suspenso durante mais de dez anos. A teoria da descoerência tornava-se cada vez mais digna de crédito, mas não se conseguia comprová-la experimentalmente. O efeito era tão rápido que já havia entrado em ação antes que se pudesse mensurar o que quer que fosse. Uma experiência das mais astuciosas de Michel Brune, Serge Haroche e Jean-Michel Raimond permitiu contornar o obstáculo, trabalhando com alguns fótons como quantidades inacessíveis, e os resultados confirmaram exatamente as previsões.

De modo que o efeito efetivamente existe e podemos compreendê-lo. Saem portanto de cena os observadores supostamente necessários à manifestação das propriedades quânticas, e com eles seus estados de consciência. Tudo volta a ser magnificamente objetivo, a mecânica quântica deixa de ser terra de asilo das obscuridades fantásticas que os ocultistas, entortadores de garfos e telepatas julgavam poder explorar.

A física clássica. A forma assumida pelas leis a partir do momento em que, saindo do poço da descoerência, caem em cascata no andar clássico é a que já conhecemos há muito tempo: as leis newtonianas, como seria de se esperar. Era o que esperávamos, com efeito, mas foi necessário muito tempo para demonstrar isso, e por vezes a cotação das apostas era bastante baixa. Não vamos aqui tentar demonstrar como se sabe hoje reconstruir o andar clássico a partir das leis quânticas, mas certos pontos importantes devem ser assinalados.

O determinismo. Na realidade, o que certos filósofos mais hesitam em admitir é que seja possível recuperar o determinismo clássico recorrendo unicamente à mecânica quântica, totalmente submetida ao acaso. Parece-lhes uma contradição em termos: com efeito, como poderia o acaso gerar necessidades? As próprias palavras se opõem, são perfeitamente contrárias. Sim, as palavras... mas nada é mais vago que uma palavra, e é bem conhecido este velho exemplo: quantos fios de cabelo são necessários perder para ficar careca? "Quantos" é, com efeito, a palavra-chave. A teoria prevê que as leis deterministas de Newton são verdadeiras em grande escala, com uma ínfima probabilidade de erro. Ficamos basicamente, portanto, na esfera do acaso, pois tudo que afirmamos repousa numa probabilidade. Esta, contudo, é tão grande (ou é tão pequeno o seu oposto) que ficamos muito próximos de uma certeza, estando o acaso rigorosamente circunscrito.

Uma maçã que cai sem que haja vento ficará sempre sob o galho de onde se desprendeu, desde que não role; acontece que poderia cair a dez metros dali ou subir para o céu. Poderia, mas a probabilidade correspondente, perfeitamente calculável, é tão pequena que nunca haverá em todo o universo uma quantidade suficiente de maçãs para que isto aconteça, ainda que fosse apenas uma vez.

Note-se que as leis deterministas, ou que quase chegam a sê-lo, restabelecem os conceitos de causa e efeito, que estavam ausentes no oceano quântico das possibilidades. A causalidade é efetivamente válida — à parte as incertezas devidas aos efeitos de caos —, mas já não é tão orgulhosa. A causalidade deixou de ser o grande princípio filosófico universal sobre o qual se escoravam Aristóteles e Kant. Ela também tem a sua probabilidade de erro, uma probabilidade muito pequena no caso da maçã que cai, mas um risco de erro insuportavelmente grande quando descemos à escala do átomo, onde ela já não significa nada.

Podemos observar, de passagem, uma estreita relação entre a causalidade e o sentido do tempo. A causa antecede o efeito, a colheita não vem antes da semeadura e os filhos não nascem antes do encontro dos pais. Na realidade, é possível demonstrar que a descoerência introduz uma direção no tempo — o que era ignorado pelas leis quânticas fundamentais —, mas esta é outra questão.

A volta ao senso comum. Quanta coisa não se disse e escreveu sobre um suposto conflito e uma incompatibilidade radical entre as leis quânticas e o senso comum! Ora, trabalhos de lógica os mais aprofundados permitiram a sua reconciliação, mas, ainda uma vez, foi a descoerência que atou os últimos nós. Sem chegar a percorrer temíveis meandros, bastará provavelmente mencionar que, após a transmutação das leis por descoerência, não só tudo aquilo que podemos dizer sobre o mundo sensível torna-se clássico, como a própria lógica correspondente se reduz ao senso comum.

Este senso comum, construído pelo cérebro humano ao longo de séculos, em contato com regularidades da natureza, não poderia ser enganador, pois se baseia atualmente, em última análise, nas leis fundamentais do andar quântico. É verdade que não pode ser aplicado aos átomos, mas nem por isso deixa de se perfilar um empreendimento semelhante ao conduzido por Descartes em outros tempos. Ele não mais consistiria em basear a filosofia em princípios já agora caducos, dos quais a causalidade é o melhor exemplo, mas nas leis descobertas pela ciência à custa de muito trabalho e de grandes esforços. Caberia perguntar se isto levará a uma nova filosofia do conhecimento, a do Homem III. Deixaremos a questão aos demiurgos.

Capítulo 7

A QUESTÃO DA LIBERDADE

Os atuais avanços da biologia são fascinantes, e hoje ela ocupa o primeiro lugar na mutação moderna dos conhecimentos. Nada ilustra melhor a multifária criatividade das leis da natureza que a riqueza e a sutileza dos mecanismos da vida. Tenderíamos, assim, a simplesmente aplaudir as descobertas dos biólogos, dizendo: "Bravo! Bis!", se não houvesse um porém... Oh!, não se trata de um "porém" endereçado à biologia ou aos biólogos, longe disso, mas poderemos ser mais claros recorrendo a exemplos.

Tomemos por exemplo um livro admirável, *O Gene egoísta*,[1] de Richard Dawkins. O autor encontrou um modo pedagógico eficaz para explicar as relações da genética com a evolução. Ele parte do pressuposto de que o gene é o principal protagonista da vida, e que tem um objetivo, uma meta única, obsessiva, incessante: sobreviver reproduzindo-se e aumentando permanentemente suas chances de perdurar. Entre os meios que para isso emprega, vamos encontrar as mutações que lhe permitem explo-

[1] Paris, Odile Jacob, 2003.

rar caminhos novos, passando por seres vivos que vão portá-lo e transmiti-lo, alguns dos quais serão mais adaptados ao meio e estarão mais bem armados para a luta, a menos que morram por falta de sorte. Pouco importam a larva, a lagarta, a crisálida ou a borboleta, o macaco ou o homem que constituíram tentativas transitórias, todos não passam de portadores passageiros do gene cego e egoísta.

Se tomarmos esta idéia como uma fábula, vemos que ela tem certo valor pedagógico, para não dizer certo encanto. Ela permite ao leitor de Dawkins não fixar a atenção nos indivíduos visíveis, uma tendência natural que pode tornar-se um obstáculo para a compreensão das questões de genética. Semelhante fábula teria também sua moralidade. A mesma da fábula de La Fontaine na qual o estômago, Mestre Gaster, pensava que todos os membros do corpo estavam a seu serviço. Ela poderia suscitar um jogo no qual imaginaríamos, por exemplo, que os pés de um fugitivo estão procurando garantir a própria sobrevivência. Parece, no entanto, que Dawkins acaba acreditando em sua história, que insensivelmente deixa de ser uma fábula para se tornar uma ideologia.

Cada vez mais vemos surgirem em nossa época construções semelhantes, em que certas interpretações da biologia transformam-se em teses filosóficas. Gostaríamos de examinar uma delas, que entra diretamente no contexto deste livro. Ela é importante porque diz respeito à questão da liberdade humana.

A questão do livre-arbítrio

Os rebentos filosóficos do pensamento biológico nos teriam deixado indiferentes, não tivéssemos sido despertados de nosso sono dogmático por um artigo de Michael Ruse, do qual muito se tem falado.[2] Nada poderia ser mais fácil que enunciar a tese de Ruse, que é a seguinte: a liberdade do homem não passa de uma ilusão, todo o seu pensamento é apenas um jogo de mecanismos. A coisa pareceu-nos inicialmente anedótica, mas pudemos afinal constatar com espanto, depois de conversar com colegas biólogos, que não se trata de uma idéia que está no ar, de uma idéia para divertir, sendo, na realidade, compartilhada por muitos cientistas sérios. Em tais condições, ela nos interessa.

E interessa a todos nós, pois está em jogo toda a questão da ética e da responsabilidade. A questão fundamental continua de pé: seria o homem livre ou totalmente governado por mecanismos?

Esta questão tem dupla incidência no contexto do nosso livro. Para começar, porque de nada adiantaria questionar-se sobre o que é preciso fazer e pensar no fluxo da mutação se todo o futuro estivesse determinado por nossos mecanismos. Depois, porque esta tese é uma ressurgência do determinismo, sob uma forma mais agressiva que nunca, colocando, portanto, a questão do significado das leis da natureza. É sob este ângulo que pretendemos examiná-la.

Mas que fique claro desde logo que não somos ingênuos. A neurologia e a psiquiatria demonstraram amplamente que a liberdade humana é limitada por poderosos mecanismos biológicos, que podem chegar inclusive a eliminá-la. Disso é um doloroso exemplo a alienação mental. Está igualmente claro que a história pessoal de cada indivíduo e as pressões sociais a que está submetido desempenham um papel limitador, senão determinante, na maneira como ele se comporta. Quando Sócrates afirmava que uma vida que não é submetida ao livre exame — o famoso "conhece-te a ti mesmo" — não é digna de ser vivida, não estava dizendo que este exame é fácil; muito pelo contrário. É evidente

[2] Michael Ruse, "Une défense de l'éthique évolutionniste", no livro publicado sob a direção de Jean-Pierre Changeux, *Les Fondements de l'Éthique*, Paris, Odile Jacob, 1993.

que a liberdade interior é uma conquista de cada instante, de tamanho grau de exigência que as forças podem faltar.

crítica da tese

O essencial de nossa crítica consiste em demonstrar que os adeptos da tese de Ruse, inclusive o próprio Ruse, não analisaram sua proposta com todo o cuidado necessário. Por essa razão, sua conclusão é exagerada, ou seja, não decorre diretamente da hipótese, que pode ser assim enunciada: os seres vivos comportam um grande número de mecanismos físicos e químicos que intervêm em todas as manifestações da vida.

Quem diz "mecanismo" diz "determinismo". Vimos no capítulo anterior que o determinismo é uma conseqüência de leis mais fundamentais, quânticas, e que nunca é absoluto. Comporta sempre uma inevitável margem de indeterminação. Certos autores, como Roger Penrose, consideram que os efeitos quânticos podem desempenhar um papel importante na consciência, o que ameaçaria consideravelmente a tese de Ruse. Entretanto, não tomaremos este caminho, pois acreditamos, pelo contrário, munidos de provas, que a mecânica quântica nada tem a ver com o problema em debate.

Já conhecemos uma grande quantidade de mecanismos que intervêm na expressão da vida, sendo a maioria de extraordinária sutileza. Alguns foram cuidadosamente analisados, até se alcançar uma teoria matemática, por exemplo, a transmissão do sinal nervoso ou a combinação das moléculas (nucleotídeos) no gene. Observemos, no entanto, que esta matematização limita-se a alguns casos. O que não oferece inconveniente para a disciplina propriamente dita, cuja substância se baseia muito mais na experiência que nos métodos formais; em compensação, isto é efetivamente um importante obstáculo para quem quer que pretendesse estabelecer a tese de Ruse com algum rigor.

Eis por quê. O determinismo só se torna explícito quando pode ligar um dado inicial (a composição de um meio, a configuração de uma molécula, o estado de uma sinapse...) a um dado final que dele resulta. Somos capazes de fazê-lo, de maneira muito convincente, no que diz respeito aos mecanismos biológicos suficientemente conhecidos. A descrição assim obtida costuma ser intuitiva, não formalizada, o que em nada a compromete, muito pelo contrário. Entretanto, é o suficiente para nos convencermos de que quase todos esses mecanismos são não lineares.

Que devemos entender por isso? A linearidade e o seu contrário, a não-linearidade, são conceitos matemáticos. Já dissemos que uma equação é considerada "linear" quando a soma de duas de suas soluções é sempre outra solução. Um mecanismo é linear quando, acrescentando dados iniciais, podemos prever o que será o dado final pela soma de seus dois respectivos resultados. O fluxo do sangue nos vasos capilares, por exemplo, é um fenômeno linear, mas tem caráter excepcional. A grande maioria dos fenômenos biológicos, pelo contrário, é não-linear.

Atualmente, os matemáticos estudam os problemas não-lineares com verdadeira paixão, pois eles estão constantemente reservando grandes surpresas e os computadores atuais permitem explorar isso com proveito. Em contrapartida, tudo indica que o tema mal começou a ser desbravado. Poderíamos citar como exemplos de tais fenômenos o caos, os terremotos, a turbulência das torrentes e dos ventos, as mudanças de fase quando a água se transforma em gelo ou o contrário, os tornados e ciclones, a teoria das catástrofes de René Thom. A conclusão seria que ninguém, hoje em dia, está em condições de prever o que pode resultar da ação conjugada de um número muito grande de mecanismos distintos.

Só recentemente os matemáticos começaram a estudar essa questão. Durante séculos, eles estudaram os sistemas descritos por algumas variáveis. No século XX, descobriram notáveis resultados analisando sistemas a uma infinidade de variáveis, e disto se beneficiou a mecânica quântica, exatamente como fora também uma fonte de pesquisas. Atualmente, debruçam-se sobre os problemas com "muitas variáveis", como os sistemas vivos, e verificam que ainda há muito a fazer. Pode parecer paradoxal que "muito" possa ser mais rico que o "infinito", mas é uma questão de método: os métodos matemáticos são como ferramentas, um machado não substitui uma chave de parafusos, ele corta um problema, ao passo que outro problema talvez precise ser desmontado.

Nos casos que conhecemos, a diferença é tamanha entre o ponto de partida e a chegada que aqueles que têm alguma experiência se eximem de fazer alguma afirmação genérica. Isto significa, no caso, que estamos tão longe de entender o funcionamento da consciência que a afirmação de seu determinismo — e, o que é pior, de um determinismo total — parece no mínimo prematura, e mais que duvidosa.

Que fique bem claro que não estamos aqui afirmando que o problema da consciência é insolúvel, mas pudemos testemunhar tantas surpresas em física e tantas reviravoltas conceituais que nos acautelamos. A biologia certamente é mais sutil que a física, e se encontra na fase adolescente das descobertas entusiásticas. A resposta poderia ser muito mais surpreendente do que imaginam os biólogos apressadamente.

Para estabelecer a tese de Ruse, teríamos de demonstrar que as explicações mecanicistas englobam a linguagem interior (a linguagem!), a linguagem de Marius quando decide abandonar Fanny ou voltar para ela, a de Einstein quando se pergunta se seria ou não o caso de ver na mecânica quântica uma ciência completa. Pois a tese de Ruse transcende a questão do livre-arbítrio: ela mecaniza todo o pensamento!

um caso comparável

O capítulo anterior expôs um problema que não deixa de ter relação com o que estamos discutindo agora. Vimos que, entre o início da década de 1930 e o fim da década de 1990, os físicos enfrentaram um problema essencial e difícil: aquele que descrevemos em termos de "transmutação das leis", ou seja, de compatibilidade entre a liberdade quântica e o determinismo clássico. Os físicos precisaram de muito tempo para resolver este problema, embora desde o início dispusessem de todos os dados necessários. Ora, a biologia enfrenta atualmente dois problemas de magnitude pelo menos comparável: a natureza da consciência e o reconhecimento das formas. Para grandes problemas, grandes respostas: é provável que a resolução desses dois descortine amplas perspectivas e uma nova compreensão do homem.

Podemos comparar mais detalhadamente os dois tipos de problemas em física e em biologia, e mesmo comparar as respectivas especulações. Quando von Neumann, profundamente frustrado com sua incapacidade de compreender a transmutação das leis, contemplou a possibilidade de quc a consciência de um observador interviesse para resolver seu problema de física, propôs explicitamente esta idéia como uma hipótese, eximindo-se de apresentá-la como uma verdade científica. Que outros se tenham apoderado da idéia e que ela se tenha transformado na queridinha dos adeptos da telepatia, da telecinesia e outras teles já é outra questão. Acontece que os problemas da consciência e do reconhecimento das formas não são frustrantes, mas apenas difíceis e apaixonantes; além disso, provavelmente ainda não dispomos de todos os dados necessários para resolvê-los. No melhor dos casos, o problema da liberdade só acabará surgindo, eventualmente, depois de entendermos esses dois outros problemas, de maneira que colocá-lo desde logo como uma questão científica vem a ser um contra-senso metodológico.

Contra-senso, é verdade, mas também usurpação da ciência, quando se pretende estar de posse da resposta e poder afirmar simplesmente que a liberdade é biologicamente impossível. Podemos reagir de duas maneiras. A primeira — a que acabamos de acompanhar — consiste em chamar a atenção para o verdadeiro estado metodológico da questão. Acrescentemos que o exemplo da transmutação das leis (por meio da descoerência) mostrou que uma oposição muito semelhante a esta de que tratamos agora obteve uma resposta sutil e inesperada. Tratava-se de uma oposição aparente entre a liberdade quântica e o determinismo clássico. Trata-se já agora de uma oposição (aparente?) entre os mecanismos biológicos e o livre-arbítrio. A sabedoria consistiria, portanto, em esperar e não tentar afirmar além daquilo que realmente conhecemos.

Quando os nazistas acharam que a desigualdade das raças era um fato científico, aplicaram esta "lei da natureza" com toda a gélida crueldade de que é capaz a natureza, e foram mesmo muito além. Foi a "solução final do problema judaico". Ocorre que as potenciais conseqüências de uma redução total do homem a seus mecanismos neuronais talvez sejam ainda mais graves. Imaginemos por um momento que a idéia de absoluta ausência de liberdade, tendo por corolário imediato a inexistência de toda responsabilidade, extravase os círculos confortáveis dos debates intelectuais para ser pregada nos seguintes termos: "A ciência demonstra que não há liberdade nem responsabilidade." O assassino poderia, assim, alegar que nada podia fazer senão matar, e o tirano, massacrar. Talvez jamais tenha existido pior blasfêmia contra a ética e contra todo o valor da razão. Para evitar que novos crimes sejam cometidos em nome de uma pseudociência, temos de nos compenetrar da tirada tão justa de Rabelais contra os sofistas: "Ciência sem consciência é apenas a ruína da alma."

SEGUNDA PARTE

CIÊNCIA, FILOSOFIA E RELIGIÃO

Capítulo 8

ENTRE CIÊNCIA E FILOSOFIA

A transcendência e a coerência das leis da natureza, seu extraordinário afastamento da intuição, suas características radicalmente extra-humanas e a imensidão do Universo, tudo isto sem dúvida reemete a questões de ordem filosófica. Nosso principal objetivo neste capítulo, portanto, será questionar a filosofia nessas questões, e somente nelas.

De modo algum somos conhecedores nessa matéria, mas nossas dúvidas nos servirão de orientação. Tentaremos evitar a linguagem dos filósofos, às vezes pouco transparente, sem esquecer que este livro também se dirige a jovens que a ignoram. Nossa filosofia é, portanto, francamente orientada para a vulgarização, exatamente como a ciência que encontramos em outras páginas deste volume.

A modernidade, até a filosofia do Iluminismo

Galileu (1564-1642) é amplamente reconhecido como o iniciador da modernidade. Ele não era propriamente um filósofo, mas todas as questões que dariam origem à ciência haviam permanecido até então no seio da filosofia, e foi ele quem de lá as tirou. Tornava-se então necessária uma nova filosofia, e a honra coube a Descartes (1596-1650). Fosse para concordar ou discordar, toda a filosofia do Iluminismo derivaria dele: felizes aqueles tempos em que a filosofia e a ciência caminhavam juntas, tempos festivos que tanto gostaríamos de reviver!

Uma grande virada traz a marca de Newton (1642-1727), com a descoberta das primeiras leis universais. Estamos hoje em dia muito distantes das questões que elas suscitaram, e sua interpretação mecanicista já não nos satisfaz. O significado das leis, sua coerência, por meio da qual a ossatura matemática adquire importância cada vez maior, seu afastamento da intuição imediata e a prodigiosa imensidão do Universo levantam questões de natureza metafísica. Alguns leitores provavelmente não têm muita idéia do que é a metafísica, nem desconfiam que ela os afeta; mostra-se interessante, portanto, introduzir o tema. Acontece que foi precisamente na época do Iluminismo que esse gênero de filosofia passou por importantes desdobramentos, sendo expulso da ciência. Vamos, assim, examinar a questão seqüencialmente, partindo de Descartes.

Vejamos, para começar, o que significa a palavra "metafísica". A biblioteca de Alexandria, a maior da Antigüidade, teve entre seus diretores ilustres o astrônomo e filósofo Eratóstenes. Ele mandou preparar um catálogo dos volumes — ou antes, dos rolos — de suas coleções, e surgiu então a questão de saber como classificar as obras de Aristóteles. Elas ocupavam um bom número de estantes, e sua classificação não parecia nada óbvia. Algumas já tinham título, em outras, a escolha de um título parecia natural, como no caso dos tratados sobre a física (ou seja, sobre a *physis*, a natureza). Ao lado das lições de física foram dispostos tratados diversos, aos quais se deu nos catálogos o nome de "metafísica" (ou seja, ao lado da *physis*). O nome ficou, tendo recebido também dos eruditos o sentido de "aquilo que vem depois da física", ou seja, os pensamentos de ordem mais ou menos elevada que só adquirem sentido após o conhecimento da natureza. É um sentido que nos convém perfeitamente, e que aqui adotaremos.

Uma parte importante da metafísica de Aristóteles dizia respeito à ontologia, que significa "ciência do Ser" ou "discurso sobre o Ser". De que se trata? De nossa parte, nada sabemos a respeito, e suspeitamos fortemente que se trata de uma hipóstase, ou seja, uma palavra que é tomada pela realidade. Assim, a palavra "ser". Trata-se de um verbo, um verbo magnífico, que é impossível dispensar, mas também um simples auxiliar. Basta transformá-lo num substantivo, dizendo "o Ser" com ares de importância, e viramos filósofos. Acrescente-se o "não-Ser", para equilibrar as coisas, e entramos no terreno da ontologia.

O primeiro a falar do Ser com arte (e em versos) foi Parmênides, que viveu na transição dos séculos VI para V antes de nossa era. Segundo ele, o Ser é uma entidade única, contínua, indivisível é imutável. Ele é eterno, ou seja, não-criado e totalmente imune à destruição. É perfeitamente acabado, e por isto Parmênides conclui que sua forma é necessariamente a de uma esfera perfeita! Como ele se opõe ao não-Ser, não pode recorrer ao movimento (pois qualquer deslocamento o levaria a um lugar onde não estava anteriormente, ou seja, onde se encontrava o não-Ser), tampouco a qualquer evolução.[1]

---

[1] Este resumo consta de *La Grèce antique*, de Jacqueline de Romilly.

Mais de vinte séculos depois, Descartes ainda acreditava na possibilidade de um conhecimento total, empenhando-se em construí-lo. Segundo ele, tudo era regido por mecanismos, inclusive os seres vivos, e não por leis, como as entendemos hoje em dia. Seu método consistia em decompor toda questão complexa ou profunda em outras mais simples, e estas, por sua vez, em outras mais simples ainda, até chegar a questões cujas respostas fossem óbvias. Podia-se então proceder, inversamente, a uma reconstrução sintética. Hostil em princípio a qualquer *a priori*, a qualquer autoridade, ele só se dispunha a reconhecer o que a ele mesmo parecesse, em sua alma e consciência ou à luz de sua razão, como fora de dúvida.

Mas o que é evidente deve ter uma explicação, que é encontrada por Descartes nas idéias inatas, sempre presentes desde o primeiro instante naquele que pensa. De onde vêm elas, e quem nos garante que são verdadeiras? Só pode ser um Deus, cuja existência necessária resulta, portanto, da existência do pensamento verdadeiro. Desse modo, Descartes unia num todo coerente a razão, mãe da ciência, e a existência de Deus.

Devemos citar igualmente Leibniz (1646-1716), que inventou o cálculo diferencial e integral, independentemente de Newton. Seu método lógico também era muito rico, e ainda hoje vamos encontrar seus traços nas matemáticas, na lingüística e na informática. Seu Universo era formado por uma infinidade de "mônadas". O radical *mono* (único) expressa claramente que cada uma dessas mônadas é um todo fechado sobre si mesmo, com algumas reminiscências da idéia de átomo, embora de natureza não-material. As mônadas constituem uma hierarquia e são criações ou "emanações" de Deus, por sua vez qualificado de "mônada das mônadas". Não existem entre elas interações mútuas, prevalecendo uma "harmonia preestabelecida" que faz deste mundo "o melhor dos mundos possíveis". Esta harmonia decorre do fato de que cada uma delas é um fiel espelho de todo o Universo.

Esta metafísica pode surpreender, numa época em que o conhecimento acabava de se enraizar na experiência, mas uma reação já se esboça no século do Iluminismo, ou seja, no século XVIII. A metafísica de Descartes suscitara duas atitudes opostas. Muitos espíritos esclarecidos haviam aderido a ela, enquanto outros, ainda mais numerosos, preferiram ater-se à tradição cristã. As sutis construções de Leibniz provocaram uma reação mais forte. Não só veio Voltaire fazer sarcasmo sobre o "melhor dos mundos" em seu *Candide*, como se começou a abordar questões de fundo. A questão que se colocou então: a metafísica, seja tradicional ou nova, religiosa ou filosófica, seria um exercício digno de crédito ou não passaria de uma quimera? Hume e Kant viriam a se apropriar do problema.

Hume

David Hume (1711-1776) foi durante algum tempo secretário da embaixada do rei da Inglaterra em Paris, e existe algo do diplomata na finura com que tenta identificar as armadilhas das palavras. Sua revigorante filosofia ainda hoje é uma referência incontornável. Não poderia ser mais fácil resumi-la: todo pensamento reporta-se aos fatos. É ainda hoje uma filosofia dominante em muitos cientistas, a sua "filosofia espontânea", lembrem-se eles ou não de sua proveniência.

Para Hume, tudo que sabemos provém diretamente da experiência. Para começar, a experiência de nossos sentidos: "Todo pensamento, até mesmo o mais forte, será sempre inferior à mais branda das sensações." As experiências refinadas feitas em laboratório servem apenas para revelar novos fatos. Nada mais.

Hume é o primeiro a pôr em dúvida a idéia de causalidade. Segundo ele, o erro da filosofia especulativa foi pretender estabelecer relações de causa e efeito entre os fatos. São apenas ilusões, como demonstra o exemplo das duas bolas de bilhar que se entrechocam, cabendo perguntar qual efeito esta causa (ou seja, uma bola lançada contra a outra) deveria acarretar. As duas bolas vão parar? Uma delas cairá da mesa de bilhar? Que trajetórias seguirão? Ele sustenta que a razão nada pode dizer a respeito; só a experiência tem o poder de responder. Quando já tivermos jogado bilhar por muito tempo, conservando a memória dos fatos, poderemos naturalmente falar de causa e efeito, mas de que se trata aqui, senão de uma maneira abstrata de distinguir o fato que ocorreu primeiro do que vem em seguida?

Assim, o hábito seria o grande princípio do pensamento. É porque sempre vimos um acontecimento dar-se da mesma maneira que nosso pensamento quer enxergar nele uma necessidade. O pensamento chama de "princípio" ou "lei" um hábito inveterado que não seria capaz de contestar.

Ao reduzir qualquer lei científica a um simples hábito, vale dizer, uma longa coleção de fatos, Hume levanta dois problemas que merecem ser analisados. O primeiro é o da indução, isto é, os limites das leis. Por exemplo, em que medida o fato de que todos os homens sempre viram os objetos inertes cair por terra significa que um outro objeto também haverá de cair, numa futura experiência? A resposta de Hume era que não se pode prever nada. Podemos apenas *acreditar* que tudo acontecerá como antes.

O segundo problema, que ainda não havia amadurecido em sua época, tornou-se flagrante para a nossa: como é que as leis, que não passam de resumos de fatos anteriores, podem permitir-nos prever o resultado de novas experiências, com objetos novos, em circunstâncias nunca antes encontradas? Sempre se constatou, por exemplo, que a luz se propaga em linha reta. Até 1920, era o que demonstravam todos os fatos conhecidos, sendo, portanto, esta uma lei que resumia os hábitos anteriores. Que acontece, então, se um raio luminoso projetado por uma estrela passa perto do Sol no momento de um eclipse? Hume certamente teria dito: "Não importa o que pode acontecer; temos de ver [...]." Mas Einstein *previa*, pelo contrário, que o raio luminoso seria desviado num ângulo calculável. Não podemos reduzir tudo aos fatos, as leis contêm algo mais. Este algo mais seria metafísico?

"O pensamento parece desfrutar de uma liberdade sem limites [...], mas na realidade está confinado a limites estreitos. Todo o poder criativo do espírito nada mais é que a faculdade de compor, transpor, aumentar ou diminuir os materiais fornecidos pelos sentidos e a experiência." Esta concepção do pensamento e da razão expressada por Hume abria dois caminhos fecundos.

Para começar, fornecia pela primeira vez uma explicação da razão, independentemente de algum dom de Deus. Segundo Hume e seu antecessor John Locke, a regularidade dos fatos e o hábito que daí se segue eram suficientes para explicar a origem da linguagem e da razão pela imitação da realidade. Os conhecimentos adquiridos desde então sobre a antigüidade da vida e a idade da linhagem humana servem apenas para reforçar esta teoria, oferecendo-lhe todo o tempo necessário. Hoje em dia, considera-se com freqüência, prolongando essas teses, que as espécies vivas exploram espontaneamente a regularidade dos fatos que se repetem em seu meio ambiente.

Para o físico Murray Gell-Mann, por exemplo, todo ser vivo é um IGUS (*information gathering and utilizing unit*), uma unidade capaz de recolher a informação proveniente do meio ambiente e utilizá-la para sobreviver. Assim, todo comportamento, animal, vegetal ou microbiano, seria a forma inconsciente de um hábito programado no jogo da evolução.

Poderia parecer que a interpretação da razão exclusivamente por intermédio do hábito ficaria por aí, se não tivesse surgido um novo problema na ciência do século XX. No palácio das leis, já pudemos vislumbrar a relatividade geral, com seu espaço-tempo curvo. Seria possível afirmar que ela foi concebida por Einstein exclusivamente com base na experiência? Certamente que não. A idéia surgiu de uma pura questão de coerência lógica entre, por um lado, a gravitação, e, por outro, o espaço e o tempo, tal como se conjugam em relatividade restrita quando um observador se desloca. A darmos crédito a Hume, contudo, caberia esperar que o conceito de espaço-tempo curvo tivesse sido produzido pela combinação, transposição, aumento ou restrição de conceitos anteriores diretamente derivados do hábito comum dos fatos.

Se assim fosse, o pensamento que opera essas manipulações teria uma quantidade incomparavelmente maior de poderes que os que lhe são atribuídos por Hume: particularmente, um poder de antecipação da verdade. E isto não se limita ao espaço-tempo. Quase todas as leis fundamentais que conhecemos passaram por uma etapa de criação, de construção mental, antes de assumir uma forma passível de ser submetida a teste e comprovada ou rejeitada pela experiência. Isto significa que as capacidades da razão — ou as exigências da coerência — em muito superam os limites que lhes eram atribuídos por Hume, e temos aí todo o problema do significado das leis.

O empirismo radical levou Hume a uma crítica devastadora da metafísica. Assim, a noção de milagre parece-lhe irracional, pois implicaria um rompimento com hábitos escorados nos fatos. De acordo com sua definição da razão, os milagres deveriam ser corriqueiros para serem admitidos pela razão, o que é contraditório. Segundo ele, a verdade de todos os milagres descritos na Bíblia constituiria um milagre mais espantoso que qualquer deles, o que vale também, naturalmente, para as profecias.

Seu veredicto é definitivo: "Se tivermos na mão um volume de teologia ou de metafísica, qualquer que seja ele, devemos fazer a pergunta: existe nele um raciocínio abstrato a respeito da quantidade ou do número? Não. Cabe então atirá-lo ao fogo, pois ele só pode conter ilusão e sofismas."

Kant e a questão da razão

Immanuel Kant (1724-1804) nasceu, ensinou, pensou e morreu em Königsberg, na Prússia Oriental, à beira do Báltico, de cujas imediações nunca se afastou (embora fosse um bom geógrafo). Depois de uma meditação solitária de mais de doze anos, ele publicou a *Crítica da razão pura* em 1781. Deu notáveis contribuições à ciência, e sua teoria da origem do sistema solar, paralela à de Laplace, ainda hoje é válida em pontos importantes.

Kant de pronto se opõe a Hume, recusando-se a rejeitar como gratuitas e vazias as questões relativas ao sentido das coisas ou da vida humana. Mostra-se sensível à urgência com que se impõem a nós. Mas diz também: "Nossa razão tem essa peculiaridade de que, em matéria de saber, é invariavelmente perturbada por questões impossíveis de ignorar — pois nascem da própria natureza da razão — e que, no entanto não podem receber respostas, pois vão muito além dos limites da razão humana." Kant abraça então uma tarefa grandiosa: a de definir de uma vez por todas o que a razão pode arrogar-se o direito de dizer.

Ele não especula sobre a origem da razão, aceitando-a como um dado, o único, segundo ele, sobre o qual podemos ter certeza. Questiona-se sobretudo aquilo que ela tem condições de conhecer a respeito do mundo exterior, pois a percepção por meio dos sentidos se interpõe entre as coisas e a razão (hoje, diríamos a consciência). Ele é o primeiro pensador a abordar esta questão da percepção, e se na época o que ele dizia podia parecer obscuro, hoje os resultados recentes da ciência do cérebro permitem melhor entendê-lo.

Basta tomar como exemplo a percepção através da visão. A luz emitida por um objeto atravessa a pupila do olho e é concentrada na retina pela lente do cristalino. Esta retina é um tecido de células diferenciadas nas quais podemos dizer, sem entrar em detalhes, que encontramos pigmentos que são verdadeiros detectores físicos da luz, assim como células nervosas (neurônios). Esses neurônios são interconectados à distância, mas de maneira preferencial, e não todos com todos. Eles são organizados em redes distintas, cada uma das quais cumpre uma função. Certos grupos de neurônios detectam preferencialmente as linhas horizontais, outros, as linhas verticais, outros ainda, o movimento, a cor; na realidade, ainda não sabemos como se dá realmente o reconhecimento das formas do objeto, mas constatamos que cada rede envia seu próprio sinal ao cérebro através das fibras (axônios) do nervo ótico. Determinadas regiões do cérebro procedem, então, à análise de todos os sinais, e outras partes os sintetizam, sendo esta síntese transmitida a outras regiões ainda, incumbidas da cognição, ou seja, do conhecimento do mundo exterior.

Esta descrição grosseira serve, de qualquer maneira, para demonstrar o sentido profundo do problema de Kant. De um lado, temos o objeto exterior, o mundo; de outro, a razão, a consciência, localizada no cérebro. A comunicação entre esses dois extremos é assegurada por uma infinidade de sinais elétricos que atravessam o nervo ótico e que nada mais têm de uma imagem. Incomparavelmente mais refinados que um sinal de televisão, eles decompõem a imagem física recebida pela retina em componentes de que a consciência — ou a razão — nem sequer suspeita: são linhas horizontais, outras verticais, movimento, cor e certamente sutis correlações nas quais o cérebro é capaz de reconhecer formas que existem fora da consciência.

Se quisermos acompanhar o pensamento abstrato de Kant ilustrando-o, podemos imaginar um quarto bem iluminado: é a razão. Ele não é vazio, mas, ao contrário, cheio de móveis e muito bem organizado. Nele, tudo deve estar arrumado em prateleiras bem delimitadas mas que se comunicam. Do lado de fora, há uma caixa negra: é o mundo exterior, que contém as coisas, coisas que nos são inacessíveis, podendo cada uma delas ser chamada de uma "coisa em si". A caixa negra só se manifesta para a câmara clara através de sinais, sob a forma de percepções. Hume teria dado a isto o nome de fatos, mas Kant leva em conta o fato de que não se trata de sinais recebidos pela consciência, chamando-os de "fenômenos".

Assim, segundo Kant, o pensamento está por assim dizer enfeixado na câmara "razão", da qual não pode sair. Do lado de fora, existe apenas a caixa negra. Como abri-la? A razão só tem acesso aos fenômenos, que, por sua vez, não passam de aparências, e pretender sair em sua busca até mesmo na caixa negra seria pretender o inacessível. Seria fazer metafísica ilícita.

Assim, a razão classifica os fenômenos em suas prateleiras, que são de mármore, definitivas, inamovíveis, perfeitas. É neste caráter absoluto da razão que reside a hipótese essencial de Kant. Com efeito, ele não contempla a possibilidade de que existam leis da natureza (já que a natureza é a caixa negra). Pelo contrário, dá ênfase ao trabalho de classificação da razão, quando esta trata de distribuir as aparências em suas prateleiras. Em sua câmara clara, existem, por exemplo, uma prateleira "espaço" e uma prateleira "tempo". É bom notar que essas prateleiras encontram-se na antecâmara "sensibilidade", e não na caixa negra da natureza (ou pelo menos ninguém pode afirmar isso). Estamos proibidos de afirmar que elas tenham uma existência própria, exterior, natural. O espaço e o tempo são apenas estruturas *a priori* que fazem parte da arquitetura da casa "razão". Nada mais podemos afirmar a seu respeito, senão que existem outras estruturas inamovíveis, as "categorias da razão".

Que dizer então dessas estruturas? Parece evidente que, no que diz respeito ao espaço e ao tempo, foi necessário subverter a disposição das prateleiras da câmara clara para que nela entrassem as atuais observações sobre o espaço-tempo e os fenômenos relativistas. A própria razão surge, assim, como um fenômeno, uma forma adaptável que evolui com os conhecimentos, e não uma estrutura definitiva.

Como demonstrou o físico Wolfgang Pauli, o mundo dos átomos e sua mecânica quântica são definitivamente incompatíveis com a teoria kantiana das categorias. Vimos no Capítulo 6 da primeira parte, por exemplo, que a causalidade não pode ser exata, perfeita, e que também aqui a razão teve de fazer-se flexível. Plagiando o próprio Kant, poderíamos exprimir certos resultados da ciência atual dizendo que a causalidade é uma aparência: uma excelente aparência, geralmente muito digna de crédito, mas de forma alguma fundamental.

Tudo indica, assim, que uma base mais sólida para a filosofia é a ciência, adquirida por homens que trabalham com o mesmo objetivo. Não se trata de uma base definitiva por todo o sempre; ela evolui, revela-se incompleta sob muitos aspectos, mas se adapta antes de mais nada à realidade, à admirável e insondável caixa negra kantiana, graças à permanente sanção da experiência. Ela constata a existência das leis e de suas espantosas características, das quais a razão não é juiz, mas espectador. Ao transcender os fenômenos pela descoberta objetiva das leis, a razão fica novamente em posição de colocar a questão metafísica.

Nietzsche

Entre os filósofos dos dois últimos séculos, ele foi o único a perceber a mutação moderna e a tentar entender o que nela estava em questão. Só que não situava sua origem na época de Galileu, mas vários séculos antes de nossa era, quando Sócrates introduziu a racionalidade. Quanto à qualificação da mutação como "decadência", como faz ele, trata-se de uma afirmação ambígua em relação ao que ele próprio anuncia a respeito do super-homem que virá, para não falar do eterno retorno, que priva de qualquer significado os conceitos de decadência e progresso.

Comparado a Hegel ou Heidegger, Nietzsche tem a vantagem de um estilo límpido, e mesmo magnífico. Certos filósofos atuais o apreciam sobretudo quando ele contesta a existência da verdade. Com efeito, ele afirma ver por toda parte, seja na filosofia, na história ou na arte, apenas "interpretações" da realidade, e não a própria realidade. "Fui aos poucos descobrindo que toda grande filosofia até os dias de hoje foi uma confissão de seu autor. [...] Todo instinto procura dominar, e, *como tal*, procura filosofar..."[2]

Assim, este mestre da desconfiança ataca diretamente a questão da verdade, irrompendo no campo de nossos problemas. Equivaleria isto a dizer que a crítica de Nietzsche a qualquer pretensão de verdade estende-se à ciência? Ele mesmo responde negativamente, na seqüência do mesmo trecho: "É verdade que, entre os cientistas, a coisa pode dar-se de outra maneira. Pode haver neles algo parecido com um instinto do conhecimento. [...] No filósofo, pelo contrário, nada é impessoal."

Ele nunca pôs em dúvida, portanto, a existência da verdade em matéria de ciência. Ele próprio considerava-se um espírito científico. Não resta a menor dúvida de que seu temível sarcasmo hoje em dia teria alvejado os infelizes que contestam a capacidade da ciência de ter acesso à verdade, classificando-os definitivamente entre esses "filósofos que confessam através de toda a sua obra a moral à qual querem chegar".

É verdade que Nietzsche não se exime de contestar sem rodeios opiniões científicas que não lhe agradam. É o caso do atomismo em *Além do bem e do mal*: "A teoria atômica da matéria está entre as coisas mais refutadas que existem, e talvez já não

[2] Friedrich Nietzsche, *Au-delà du bien et du mal*, 6.

exista na Europa um único cientista suficientemente ignaro para conferir-lhe menor importância."[3] Cabe lembrar que isto foi escrito um século antes da comprovação da existência dos átomos por Jean Perrin...

E não era um darwiniano propriamente dito, fazendo inclusive uma crítica ácida do darwinismo. Na "luta pela vida", ele rejeita a idéia de que a vontade de viver seja verdadeiramente um motor universal, atribuindo este papel, pelo contrário, a uma "vontade de poder" que em sua obra volta sempre como um *leitmotiv*. Qualquer que seja o valor dessa diferença, quer a consideremos essencial, como ele, ou uma simples nuance, quer imaginemos a seleção das espécies como uma luta ou como um jogo de azar, não é menos certo que Nietzsche fornece um exemplo impressionante da ascendência da ciência sobre quase todos os pensadores, inclusive os mais independentes.

Correlativamente, Nietzsche gosta de se apresentar como o coveiro da tradição metafísica, e sua famosa frase "Deus está morto!" continua ressoando em nossos ouvidos. No entanto, ele foi o último grande metafísico. Embora atribuísse enorme importância à sua idéia do super-homem, ele situava em posição ainda mais elevada uma idéia absolutamente metafísica, a do "eterno retorno do mesmo". "Então", diz ele, "Zaratustra revelou, embriagado da alegria do super-homem, o *segredo* do eterno retorno."[4] "Eu, o último discípulo do filósofo Dionísio — Eu, aquele que ensina o eterno retorno."[5] Assim é que ele se distingue claramente como aquele que ensina o eterno retorno como sua mais elevada mensagem, acima inclusive da mensagem do super-homem.

---

[3] *Ibid.*, 12.
[4] *Assim falava Zaratustra*, capítulo XIV.
[5] *O Crepúsculo dos ídolos*, capítulo X.

Esta doutrina do eterno retorno postula que a eternidade existe neste mundo, e que tudo que nele acontece voltará mais tarde sob forma idêntica, uma infinidade de vezes. Nietzsche via nesta idéia "a *mais científica* de todas as hipóteses possíveis"[6] (o grifo é dele mesmo). E, com efeito, ela apresenta interessantes intercorrências com a ciência, e, o que é ainda mais notável, não com a ciência então estabelecida, mas como que antecipando considerações científicas que só viriam mais tarde.

Assim, ao levar a sério a hipótese da eternidade do cosmos como "hipótese científica", Nietzsche está adiante de seu tempo, ainda que de maneira confusa. O estudo da história do Universo no contexto das leis da natureza só começaria, com efeito, pouco antes de 1930, com os modelos de Universo suscitados pela relatividade geral.

A idéia do eterno retorno também apresenta uma extraordinária analogia com um teorema matemático de Henri Poincaré. Num livro sobre Nietzsche, Walter Kaufmann observa que ele afirmava ter encontrado o ideal do eterno retorno "em pensadores anteriores". Observa-se que Nietzsche admirava Heine e possuía suas obras. Kaufmann encontrou um texto do poeta que provavelmente era conhecido de Nietzsche, e que vale a pena ser citado, em forma abreviada:[7]

"Pois o tempo é infinito, mas as coisas que estão no tempo, os objetos concretos, são finitos. Eles podem, com toda certeza, dispersar-se nas partículas mais finas: os átomos. Mas a quantidade de átomos é finita, assim como o número de suas configurações. Assim, seja qual for o tempo necessário, as leis eternas que governam o movimento dos átomos farão com que todas as con-

---

[6] *Vontade de poder*, 55.

[7] Walter Kaufmann, *Nietzsche*, Cleveland e Nova York, Meridian Books, World Publishing Company, 1966, p. 275.

figurações dos átomos que constituem os seres e as coisas se reproduzam. Assim, acontecerá que um homem em tudo semelhante a mim nascerá, e também uma mulher idêntica a ti, e este homem e esta mulher dirão um ao outro o que dizemos agora."[8]

Ou então, o célebre "teorema de recorrência" enunciado por Henri Poincaré sustenta que um sistema mecânico fechado, obedecendo às leis newtonianas de uma dinâmica sem atrito, precisa passar uma infinidade de vezes pelo mesmo estado, desde que disponha de um tempo infinito. A semelhança com o texto de Heine e as idéias de Nietzsche é impressionante.[9]

o contratempo da ciência

Como consideramos que as leis quânticas constituem a base das leis da natureza, somos obrigados a constatar que a história das vidas paralelas da ciência e da filosofia no século XX foi uma sucessão de oportunidades perdidas.

De fato, surgiram nesse século alguns grandes filósofos, entre os quais Russell, Husserl e Wittgenstein, que, respectivamente, contribuíram para a renovação da lógica, tentaram elucidar o sentido do conhecimento científico no contexto mais amplo do sentido da vida e rejeitaram qualquer metafísica em nome da ciência experimental. Infelizmente, a ciência quântica ainda era, em vida desses grandes pensadores, objeto das dúvidas e dos proble-

[8] *Letzte Gedichte und Gedanken von H. Heine,* Hamburgo, Strodtmann, 1869. Kaufmann (*op. cit.*, p. 393) registra a presença desse livro na biblioteca de Nietzsche.

[9] Mas o teorema de Poincaré não se aplica ao Universo (nem à matéria), por causa das leis quânticas, que não atendem a suas hipóteses.

mas relatados no Capítulo 6 da primeira parte. Procurava-se saber se a ciência quântica era objetiva, se chegara para ficar, o que tornava muito difícil captar seu verdadeiro alcance filosófico. Assim, a aceleração da mutação moderna e a brevidade da vida humana foram de encontro ao pensamento de alguns dos melhores filósofos, que hoje parecem terrivelmente falhos.

Heidegger

Há quem considere Heidegger (1889-1976) como o maior filósofo do século XX. Sua reputação e o respeito de que os discípulos cercam o seu pensamento obrigam-nos a procurar ver se podemos encontrar respostas às nossas perguntas em sua obra.

Não podemos chegar ao centro de sua filosofia, pois ele é, antes de mais nada, um filósofo do ser, e já explicamos que esta noção não nos diz respeito. E por sinal ele mesmo diz (na tradução de Jean Baufret) que "o ser recua na medida em que é descercado no sendo", o que significa, particularmente, que o ser se nega àqueles que pretendem atingi-lo pela experiência. Mas as leis da natureza, por seu caráter extra-humano, talvez tenham uma relação com o ser no sentido de Heidegger, e portanto precisamos lê-lo para tirar isto a limpo.

Uma dificuldade inesperada (que talvez seja apenas um aspecto da anterior) vem a se manifestar com a lógica, ou antes com a dialética de Heidegger. Quando lemos suas obras, com efeito, freqüentemente temos a seguinte experiência: uma argumentação vem-se desenrolando normalmente, até que, de repente, aparecem um ou vários versos de Hölderlin ou algum outro poeta. A poesia assim introduzida é obscura mas bela, e o leitor detém-se nela pelo simples prazer. Ao retomar a leitura da exposição, contudo, o fio parece ter-se rompido; voltando atrás, percebe-se então que a intervenção do poema não era apenas pretexto para um momento de beleza ou um aprofundamento, mas um elemento do raciocínio. O verso que se intrometeu inesperadamente tornou-se uma espécie de axioma suplementar, e com toda evidência encontramo-nos muito distantes da lógica cara aos cientistas.

Isto nos obriga a evocar o que Heidegger diz explicitamente sobre a ciência. Aqui, as coisas são ditas claramente: para ele, a ciência não passa de uma manifestação da metafísica, que por sua vez só se teria constituído obscurecendo de modo irreversível a questão do Ser, a única que vale a pena ser colocada.

Encontramos estranhas afirmações em nossa visita a algumas de suas obras e aos comentários sobre elas. Por exemplo, quando ele escreve, referindo-se ao pensamento ocidental, que "seu último triunfo, no qual ele começa a adquirir toda a sua extensão, consiste em que este pensamento forçou a natureza a liberar a energia atômica".[10] Seria uma tirada de humor? E quando ele acrescenta "A força do (autêntico) pensamento supera infinitamente, ou seja, por essência, qualquer quantidade possível de energia atômica", seria uma metáfora ou uma bravata? Uma de suas questões, "como poderá terminar a época da técnica?", parecera-nos próxima de nossas dúvidas sobre a mutação moderna. Mas pudemos apenas ficar sabendo que "o pior fim seria que nos tornássemos insensíveis à aflição que a presença da técnica causa ao pensamento do Ser".[11]

Se a ciência assim se afasta da filosofia, podemos compreender por que a filosofia, assim entendida, seja de tão pouca ajuda para pensar a ciência, ou seja, especialmente a mutação que esta

---

[10] Martin Heidegger, *Principes de la pensée* (1958), reproduzido no *Cahier de l'Herne* "Heidegger", Paris, L'Herne, 1983, p. 105.

[11] Artigo de Michel Haar, *Cahier de l'Herne, loc. cit.*, pp. 331-358, comentando as próprias palavras de Heidegger.

está constantemente precipitando. Mas não perdemos a esperança de que um dia, cansada de ficar remastigando a própria história, a filosofia tente novamente compreender o mundo, e foi efetivamente para estimulá-la a fazê-lo que escrevemos este capítulo.

À guisa de conclusão

Seria este capítulo uma crítica da filosofia? Isto seria conferir-lhe demasiada importância, ao passo que podemos perfeitamente perceber, aqui e ali, que ele pretendia ser mais ameno que inquisidor, e, tendo sido escrito por confessos amadores, mais banal que erudito (as críticas que os filósofos trocam entre si são muito mais acerbas).

Nós jamais pretendemos considerar nada além de uma única questão, um átomo de interrogação frente a todos os tesouros contidos na filosofia. Na realidade, reduzido a seu esqueleto, este capítulo limitou-se a constatar o seguinte: a mutação está aí. A chave disso provavelmente se encontrará na existência das leis e na interpretação de seu caráter. Poderia a filosofia contribuir com algum esclarecimento no caso? Nada pudemos encontrar que realmente atendesse a nossas expectativas. Mas a questão continua de pé, não como um desafio aos filósofos, mas como um veemente apelo à sua reflexão.

Capítulo 9

O SENTIDO DE TUDO ISTO

Qual é o sentido deste Universo desmesurado em que não parecemos ser nada, dessas leis que assaltam a razão humana, de tudo isto que nos domina com sua suprema e altiva estranheza? Haveria por acaso um sentido em tudo isto? É a questão, *a* questão que agora abordarmos, com certo temor. Temor, naturalmente, de que nossas mentes não estejam à altura, temor de que ela não tenha uma resposta ou de que ainda não tenha chegado o tempo de compreendê-la, temor, enfim, de mal conseguir falar de esperança e sabedoria.

A filosofia não nos é de grande ajuda nesse terreno, como acabamos de ver. E a ciência? Steven Weinberg, um grande físico contemporâneo, diz-nos, depois de descrever as incontestáveis maravilhas do Universo, que, até onde saiba, esse Universo parece-lhe destituído de sentido, *pointless*: não tem pé nem cabeça. Que confissão! Outros (como, aliás, ele mesmo) mostram-se exultantes com o esplendor das leis e sua magnífica unidade, totalmente entregues à alegria de sua descoberta. Mas será que elas têm algum sentido para nós, humanos, para aqueles que sofrem de falta de esperança e de vazio interior? Os arautos do abstrato nada dizem a respeito.

Na realidade, a questão é insolúvel, se quisermos uma explicação do Universo e das leis que lhes conferisse significado. Com efeito, este significado, caso fosse comprovado, consistiria numa verdade além das verdades da ciência e da experiência: uma verdade metafísica. Mas uma tal verdade é inacessível à razão, neste ponto Kant continua incontestável, pois não é científica e foge à esfera da experiência.

Temos profunda consciência da beleza das leis e da alegria que proporcionam a quem delas se aproxima; mas não somos menos sensíveis ao desejo irreprimível de conferir sentido ao mundo. Bertrand Jordan, um grande biólogo, encontrou as palavras adequadas para expressar este desejo ou esta necessidade, esta busca, em *Le Chant d'amour du concombre de mer*.

"O fato incrível, porém comprovado, é que esse edifício (*da vida*)[1] foi construído pelo jogo de mutações aleatórias. Apesar da abundância de provas de que dispomos, às vezes ainda é difícil acreditar que sistemas tão imbricados resultem de um processo governado pelo acaso. O acaso [...] e a necessidade (*das leis*). [...] Tenho dificuldade de acreditar para valer que a mecânica perfeita de meu corpo, estes olhos que abarcam a paisagem da manhã tranqüila, estes ouvidos tomados pelo barulho das ondas, este cérebro que reflete [...] tenham saído de um jogo de mutações sem objetivo preestabelecido, resultando de incontáveis lances de dados sucessivos ao longo de uma evolução que se perde na noite de milhões, de bilhões de anos. Sei disso intelectualmente, as provas estão aí, tão sólidas quanto possível, eu mesmo pude encontrá-las em meu trabalho de pesquisador. [...] As razões de minha incredulidade podem ser analisadas, e no entanto

[1] Os itálicos são dos autores deste livro.

alguma coisa em mim não consegue aceitar essa construção pelo acaso: parece-me que ela priva o mundo de toda significação profunda, ainda por cima negando minha própria existência."

Não podemos deixar de concordar com Jordan. Intelectualmente, sabemos que a questão do significado não tem resposta, ou pelo menos que a resposta está além do horizonte do conhecimento atual. No entanto, quais as palavras que nos acudiram e a Jordan? Sofrimento, vazio interior, beleza, alegria, desejo, repugnância, dificuldade de acreditar... Todas da esfera dos sentimentos; sentimentos que lutam com o intelecto. Poderíamos dizer que a questão não é encontrar o significado intelectual do Universo e das leis, mas integrar este conhecimento à consciência, uma consciência mais vasta que o puro conhecimento e que engloba os sentimentos, inclusive o sentimento de si. É em mim, por mim, para mim que eu quero fazer do conhecimento uma parte viva de mim, e não mais uma estranha absoluta.

Um grande neurobiólogo, Antonio Damasio, vai nos ajudar a dar corpo a esta idéia ainda vaga, à luz de resultados recentes a respeito do cérebro e da consciência.[2] Eis o que ele diz: "A idéia mais surpreendente (*das pesquisas sobre esses temas*) será talvez o fato de que a consciência nasce num sentimento. [...] A idéia de que a consciência seria um sentimento de conhecimento combina com os resultados a que chegamos a respeito das estruturas cerebrais mais estreitamente associadas a ela. [...] O enraizamento da consciência no sentir permite-nos explicar o sentimento de si. [...] Situar a origem da consciência no sentimento leva-nos a nos questionar sobre a natureza íntima do sentir. De que são feitos os sentimentos? (*Note-se que o autor expôs anteriormente as bases*

---

[2]Antonio R. Damasio, *Le Sentiment même de soi. Corps, émotions, conscience*, Paris, Odile Jacob, 1999. As citações constam em sua maioria do Capítulo 11.

biológicas, humorais das emoções, que são mais primárias que os sentimentos.) Os sentimentos constituem a percepção de quê? Até onde podemos explorá-los? Ainda não é possível, no momento atual, responder plenamente a todas estas questões. [...] A consciência humana poderia efetivamente exigir a existência de sentimentos."

A última frase é escrita em breve discussão sobre o que distingue o conhecimento passível de registro numa máquina (um computador) desse mesmo conhecimento na consciência humana. Seria possível imaginar máquinas que fizessem experiências, recorressem a uma inteligência artificial e conseguissem aumentar o conhecimento do Universo e das leis, mas "a consciência humana poderia efetivamente exigir a existência de sentimentos". Não estaria aí a chave de nossa questão?

Naturalmente, o Universo, as leis, suscitam sentimentos fortes nos pesquisadores durante seu trabalho. É verdade que eles sentem prazer nesse trabalho, embora André Lichnerowicz tenha muito apropriadamente observado: "A pesquisa? Ela proporciona grandes momentos de alegria, mas sempre depois de meses ou anos de frustração." Todavia, não se trata dos sentimentos dos pesquisadores, mas do homem em sentido genérico. Qual o sentido mais amplo, como sentimento gerador de uma consciência, que corresponde ao que existe de mais elevado no conhecimento, as leis sutis do Universo? Nossa resposta, aquela que sentimos profundamente, é a seguinte: o sentido do sagrado.

O sagrado! "Vocês estão falando de religião?", perguntará você. Sim, é disso mesmo que se trata, mas também de muito mais. Será necessário acreditar em Deus para sentir a presença do sagrado ao ouvir certas obras de Bach ou Mozart? Não haveria algo de sagrado na natureza do homem, aos olhos de muitos ateus? Bertrand Russell, o tipo do agnóstico declarado e lúcido, relatou suas experiências por assim dizer "místicas" sobre o surgimento do sagrado. E, por sinal, não é um fato raro. De que se trata? Para tentar encontrar a resposta, podemos recorrer a Mircea Eliade, considerado excelente juiz na matéria:

"A experiência do sagrado [...] implica as noções de *ser*,[3] de *significado* e de *verdade*. [...] É difícil imaginar como o espírito humano poderia funcionar sem a convicção de que existe algo irredutivelmente *real* no mundo; e é impossível imaginar como a consciência poderia manifestar-se sem conferir um *significado* aos impulsos e experiências do homem. A consciência de um mundo real e significativo está intimamente ligada à descoberta do sagrado. Por intermédio da experiência do sagrado, o espírito humano entendeu a diferença entre o que se revela como real, poderoso, rico e significativo e o que é desprovido dessas qualidades, ou seja, o fluxo caótico e perigoso das coisas, suas aparições e seus desaparecimentos fortuitos e destituídos de sentido. Em suma, o 'sagrado' é um elemento na estrutura da consciência, e não uma etapa na história dessa consciência."[4]

faça um universo para mim

Que sentido pode o homem atribuir a si mesmo no imenso Universo? Teremos mais adiante a oportunidade de falar do temor e da desconfiança que ele pode sentir, mas ele traz em si algo de admirável: a consciência. Não se trata propriamente de seu cérebro, a cujo respeito poderia dizer Paul Valéry: "Meu senhor, o senhor é um tolo, mas o seu cérebro é uma coisa admirável", mas de sua faculdade de conhecer e sentir ao mesmo tempo. Que sen-

[3] Os itálicos são de Eliade.

[4] Mircea Eliade, *Histoire des croyances et des idées religieuses* (prefácio).

tido pode ele conferir a si mesmo? Temos a este respeito uma idéia que nos foi mandada por nosso amigo demiurgo, a quem passamos a palavra.

A primeira encomenda que lhe foi feita por seu patrão, em outros tempos, oh!, há muito tempo, deixou-o numa enrascada: "Proponha-me um Universo." A darmos crédito ao Livro do Gênese, a primeira idéia do demiurgo (que o Livro se exime de citar) teria sido começar pelo céu e pela Terra, prosseguindo com a luz, as águas, a vegetação, as estrelas, todos os seres vivos à parte o homem, e finalmente Adão e Eva. Mas tudo isto teria de ser feito peça por peça, de modo que ele foi tentar descobrir se não existiria um método mais rápido.

É uma outra tradição, desta vez grega, que nos transmite este outro método, a começar pela idéia de ser. "Vejamos", teria ele pensado, "por enquanto não existe nada, e eu dou a este nada o nome de zero. Se tiver de existir alguma coisa, dou a esta coisa o nome de 1". Os comentadores posteriores, de Parmênides e Platão a Hegel e Heidegger, falam de ser e não-Ser, em vez de 1 e 0, mas é claro que se trata da mesma idéia. É então que o demiurgo descobre seus talentos de matemático. Assim é que foi logo tratando de extrair de 0 e 1 todas as matemáticas, graças a um toque de lógica e de infinito, o que para ele não era o menor problema.

Mas isto não era suficiente para formar um mundo cujo plano, ou seja, cujas leis ele pudesse propor a seu patrão. Ele fez numerosas tentativas, mas nunca ficava satisfeito com seu trabalho. Seus projetos de Universo eram invariavelmente tediosos, monótonos e praticamente sem história. Até o dia em que a demiurga que já conhecemos sugeriu-lhe: "Não seria bom que o Universo pudesse conhecer, e portanto conhecer a si mesmo como totalidade? Ou que pelo menos alguma coisa dele pudesse um dia conhecê-lo?" Era meio complicado, mas ele logo percebeu que alguma coisa podia ser extraída da idéia.

Os arquivos do palácio das leis, onde buscamos nossas informações, são imensos, estando em sua maior parte vedados ao público. Por isto é que podem ser encontradas lacunas em nosso relato, mas neles pudemos encontrar o seguinte. O demiurgo pensou que era preciso que alguma coisa acontecesse no Universo. Deu o nome de "tempo" ao que vai passando. Poderia ter sido também eternidade, mas neste caso teria sido necessário incluir o infinito na criação, e também, de certa maneira, que a criação estivesse constantemente sendo recomeçada.

Era preciso, portanto, que o tempo tivesse um começo. Os arquivos citam Santo Agostinho como o primeiro homem que disse que o tempo não existia antes da criação do mundo. O demiurgo pensou que era preciso dispor de uma cena para o Grande Jogo, uma cena a que deu o nome de espaço. Mas como fazer para que a cena não se antecipasse ao início do tempo? Era preciso, naturalmente, que o espaço e o tempo estivessem tão estreitamente associados que um não pudesse existir sem o outro e que ambos formassem um todo: o espaço-tempo.

"Agora preciso de leis que modelem a massa do espaço-tempo", pensou ele. "Elas não estarão no espaço-tempo, mas constituirão o seu molde, a sua forma; quero que sejam tão simples quanto possível, pois onde há simplicidade há pureza. Para isto, é necessário que elas sejam absolutamente constantes, em qualquer lugar e em qualquer momento." Esta exigência de perfeição formal levou o demiurgo a inventar leis que lhe agradaram (naturalmente, as da relatividade geral). E ele viu que isto era bom.

Retomando então os seus cálculos, o demiurgo examinou mais detidamente a questão do começo, que naturalmente deve ser muito bem cuidado, para que a criação seja bem-feita. Também aqui, por uma questão de elegância, ele optou pelo começo mais simples possível.[5] Constatou que as leis que preparara implicavam uma expansão do espaço ao longo do tempo, como se a cena universal estivesse destinada a se ampliar constantemente para oferecer mais espaço a acontecimentos grandiosos.

A história que estamos contando poderia ser muito longa, mas vamos abreviá-la. O Universo precisava de um conteúdo, e o demiurgo decidiu que as leis desse conteúdo, dessa matéria, deveriam repousar numa liberdade absoluta. Teria sido necessário acompanhá-lo em seu êxtase matemático para saber que pensamentos lhe inspiraram um mundo de partículas quânticas e leis que, até onde sabemos, são aquelas a que os físicos de hoje dão o modesto nome de "modelo-padrão". Ele certamente foi inspirado por considerações de elegância que, em certa medida, não alcançamos. Com as próprias mãos, cavou no palácio das leis o poço da descoerência, no qual as leis se transmutam, obtendo, assim, a causa e o efeito. E viu que isto era muito bom, e com isto o Grande Jogo podia começar.

O demiurgo apurou certos cálculos, para que um dia todos os átomos permitidos pelas leis pudessem ser produzidos no coração das estrelas, e, o que era ainda mais maravilhoso e delicado, fez com que a vida pudesse existir. É provável que seu roteiro incluísse ainda páginas sobre as quais nada sabemos, e certamente nunca saberemos. Seja como for, satisfeito com o resultado de seu trabalho, o demiurgo finalmente pôde declarar à companheira: "Está tudo pronto para que, um dia, seres vivos sejam capazes de conhecer o Universo, e que assim o Universo conheça a si mesmo por meio deles, já que a ele pertencem." Feito isto, apresentou ao criador o seu projeto, que parece ter sido bem recebido.

---

[5] Roger Penrose demonstra, em *Les Deux Infinis et l'Esprit Humain* (Paris, Flammarion, 1999), que espécie de perfeição está implicada nessa simplicidade.

Contam também que o anjo Gabriel, de coração tão cheio de compaixão, perguntou certa vez ao demiurgo por que o Universo era tão vasto:

"— As pobres criaturas pensantes não poderiam sentir-se perdidas nele, quando viessem a se dar conta de sua amplidão?

— Minha intenção — respondeu o demiurgo — era que o Universo fosse suficientemente vasto para que o surgimento de um ser capaz de conhecê-lo fosse praticamente certo.

— Mas nesse Universo a imensidão é assustadora. Nele, o centro não está em parte alguma — insistiu o anjo.

— Você não entendeu, Gabriel. Cada planeta em que surge o pensamento torna-se o centro onde o Universo se mira, e é o lugar mais importante entre os bilhões de lugares. É este o sentido das leis.

E o demiurgo acrescentou, com um sorriso algo triste:

— Além do mais, sabe como é, temos de proporcionar alguma tranqüilidade. São tantos os riscos para seres considerados pensantes, quando as paixões se liberam e o pensamento se desvia... Oh, sim, que o pensamento possa elevar-se!"

E a religião?

A mutação moderna provocada pela descoberta científica das leis que presidiram à criação do Universo e desde então garantem sua permanência no Ser não pode deixar nenhum homem indiferente, pois todos são diretamente afetados. Nossa abordagem da ciência distingue-se radicalmente das outras, trate-se do materialismo, do cientificismo, do racionalismo, do positivismo etc.: todas preconizavam um mundo de pensamento supostamente superior, ao qual todos deveriam aderir. Parece-nos, pelo contrário, que, ante um acontecimento de grande importância, seria absurdo proclamar: "Seja como eu." Temos consciência de que aquilo que dizemos pode ferir muitas pessoas, tanto os racionalistas, dado o caráter sagrado que atribuímos às leis, quanto os crentes de qualquer denominação, que se julgam os únicos depositários do sagrado.

Esta idéia poderia encontrar eco? É possível que certos racionalistas não se mostrassem hostis a ela, dispondo-se de bom grado a aceitá-la. E por sinal ninguém lhes está pedindo que diariamente entoem loas a um grande precursor: santo Sócrates, santo Newton ou Darwin, o bem-aventurado, à maneira do padre Enfantin, na época em que o positivismo pretendia ser uma Igreja. A verdadeira dificuldade não está aí, pois é mais difícil convencer alguém a mudar de regime de crença: ela está na religião.

os componentes da religião

Para pôr em perspectiva a questão do sagrado, parece necessário, antes de mais nada, entender-se a respeito da palavra "religião". O conteúdo da palavra "ciência" é unívoco, designando tudo aquilo cujas leis tenham a ver com a experiência. A idéia de religião é menos clara, em especial como efetivamente é, e não como gostaria de ser, ou seja, nas cabeças, e não nos textos sagrados. Além disso, enquanto as leis da natureza são universais, as religiões vivem se dilacerando umas às outras. Naturalmente, não vamos aqui estabelecer um catálogo das religiões, fazendo o inventário de suas muitas divergências. Aliás, também seria necessário distinguir em cada uma delas a doutrina dos cleros da crença dos fiéis, a fé do santo e a do homem simples, a do deísta e a das superstições. É por causa dessa infinita variedade que a grande maioria dos homens que povoam a Terra tem uma religião.

Não tentaremos definir o que é uma religião, o que já foi tentado por tantos; vamos apenas distinguir nela vários componentes: um corpo de *doutrinas* de ordem metafísica, ao redor do qual se congrega um *grupo* humano que nelas tem *fé*, que se põe de acordo sobre uma *moral*, participa de um *ritual* e possui certa *espiritualidade*.

Eis o que um olhar exterior pode perceber de uma religião; qualquer outra abordagem, todavia, levaria a infindáveis distinções. Alguns exemplos bastarão para demonstrar esta variedade. As proposições metafísicas de ordem religiosa podem pressupor a existência de um deus único ou de uma hierarquia de deuses (religiões antigas e hinduísmo contemporâneo). Duas entidades antagônicas podem encarnar o Bem e o Mal (Deus e Satã, Catharess, Zaratustra). Certas crenças podem ser de uma grande complexidade metafísica, como o deus único em três pessoas do cristianismo ou de certas versões do hinduísmo (Shiva, Vishnu, Brahma, unificando-se em Atman). Pode acontecer também que não se suponha a existência de nenhum deus, o que é bastante raro, mas já aconteceu no chamado budismo do "pequeno veículo".

Outros postulados metafísicos dizem respeito à condição e ao destino do homem. A alma (podendo ser também um corpo regenerado) viverá eternamente num paraíso ou num inferno (ou vários paraísos hierarquizados e infernos especializados, de acordo com a gravidade das penas); ou então transmigrará de um para outro corpo, humano ou de outra natureza. Certos elementos de crença entram na esfera do mito quando constituem uma história, como a da criação do mundo ou as viagens celestes do profeta Maomé, entre outros exemplos. Esses mitos se abrem para o futuro pelas profecias, como os Apocalipses ou a ditadura do proletariado.

Este último exemplo nada tem de irônico, servindo para frisar a enorme variedade das metafísicas que podemos encontrar: ingênuas, no caso do animismo; lógicas, ou seja, aristotélicas, no cristianismo e no islã, hegelianas nas ideologias do século XX. Também as especulações fogem à esfera das lógicas-padrão, para reunir os contrários ou unificar o que é múltiplo (dogmas trinitários). Às vezes, mas muito raramente, as teologias se fazem prudentes: reconhecem que Deus é tão diferente do homem que as palavras humanas são incapazes de descrevê-lo como conviria, e só podem tratar dele dizendo aquilo que ele não é. Esta metafísica negativa ou "apofática" é encontrada em várias religiões, inclusive o cristianismo, e em nossa humilde opinião merece particular respeito. Também podemos dizer, em contrapartida, que as dificuldades de natureza lógica encontradas pelas religiões contribuíram muito para o aperfeiçoamento do pensamento ao longo da história.

A fé pode ser a mais extraordinária e também a mais nefasta das qualidades humanas. Não podemos deixar de admirar o que ela permitiu que Francisco de Assis, Gandhi ou madre Teresa realizassem. Em compensação, quando inspira um Torquemada ou arma um terrorista kamikaze, ela perverte a razão humana. A fé, contudo, nunca é una e inteira. A dupla influência da ciência e da filosofia nela introduziu gradações, sobretudo na Europa cristã. Os elementos míticos dos dogmas passaram a ser cada vez mais freqüentemente interpretados antes como símbolos do que literalmente, conservando algum significado apenas por efeito da tradição, mas evita-se acreditar neles ao pé da letra. No catolicismo, no fim do século XIX, a reação de Pio IX contra esse "modernismo" teve um efeito contrário ao que ele pretendia ao promulgar dois novos dogmas: a imaculada concepção de Maria (além da de Jesus, explícita nos Evangelhos) e a infalibilidade pontifical em matéria de fé (dogma muito curioso do ponto de vista lógico).

São provavelmente reações semelhantes que explicam os diversos movimentos fundamentalistas nas três religiões mais conhecidas na Europa e ao redor do Mediterrâneo, a judaica, a cristã e a islâmica. Eles são tudo, menos fundamentais.

Não será necessário que nos estendamos aqui sobre as múltiplas formas de organização religiosa, das igrejas às seitas, entre as quais as fronteiras são às vezes imprecisas. Digamos apenas, do ponto em que nos encontramos — ou seja, do ponto de vista da ciência —, que as seitas iniciáticas, aquelas que vão ao longo dos anos destilando "verdades sagradas", são provavelmente as mais perniciosas para a razão. A cientologia deixa-nos perplexos quando seu Moisés e seu Newton são reunidos na pessoa de um autor menor de ficção científica. Dize-me a quem segues e eu te direi quem és!...

Sobre os ritos, diremos apenas uma coisa: que podem proporcionar a paz. A espiritualidade é uma dimensão muito profunda da religião, em forma de oração ou de meditação e sentimento do sagrado. O prodigioso curto-circuito que a oração pretende estabelecer entre o criador do Universo e o locutor de um discurso interior é inconcebível num sentido imediato. Ela só encontra verdadeiramente o seu sentido como um debruçar-se sobre si mesmo. O sentimento do sagrado está tão próximo da oração quanto o silêncio da palavra.

sentido e pensamento

Que sejamos bem entendidos. Não preconizamos a religião de maneira geral, nem qualquer uma delas em particular, como tampouco o panteísmo ou o ateísmo. Limitamo-nos a atrair o olhar para a mutação e o despertar que ela exige, sem exclusivismos. Insistimos na fala de Apolo de Delfos transmitida por

Sócrates, "Conhece-te a ti mesmo", o que, no caso do homem de nossa época, quer dizer conhecer-se a si mesmo no seio do Universo e das leis. Por essa razão, julgamos possível frisar que nossa relação com elas só pode ser sagrada.

A força do pensamento humano é prodigiosa. Não nos parece essencial que alguns enxerguem aí revelações, respeitamos os que assim pensam. O sentido do sagrado antecedeu o conhecimento em milhares de anos, pois "foi por meio da experiência do sagrado que o espírito humano entendeu a diferença entre o que se revela como real, poderoso, rico e significativo e o que é desprovido dessas qualidades, ou seja, o fluxo caótico e perigoso das coisas, suas aparições e desaparecimentos fortuitos e destituídos de sentido".

Assim, tenha sido uma revelação, uma experiência interior ou o fruto de uma meditação, não podemos deixar de admirar a invenção do monoteísmo por Moisés (no primeiro caso, "invenção" significa "descoberta"). Jean Botéro, que conhece melhor que ninguém as civilizações dessas épocas distantes, mostrou de maneira vigorosa e sutil o que essa novidade tinha de grandioso.[6] Quanto a nós, admiramos nela no mínimo a intuição de uma ordem inerente ao mundo, que na época só podia ser expressa pela palavra "Um", aquela que hoje aplicamos ao Universo e às leis. Admiramos também a resposta do deus de Moisés à pergunta: "Qual é teu nome? — Eu sou o que é." "O que é" não tem rosto nem mesmo forma; proíbe que lhe atribuamos um ou outra. "Eu sou a realidade."

Esta profunda intuição do sentido também pode ser encontrada em outros lugares; talvez não deva surpreender que nós, como físicos, a busquemos na *Física* de Aristóteles, que logo de entrada postula: "Só podemos considerar que conhecemos uma coisa quando conhecemos suas causas primeiras, os princípios primeiros." Para ele, portanto, tudo repousa em princípios que

---

[6]Jean Botéro, *Naissance de Dieu*, Paris, Gallimard, "Folio-histoire", 1992.

conferem unidade ao conhecimento. Não nos sentimos minimamente inclinados à ironia ao constatar que nenhum dos princípios que Aristóteles empenhava-se então em descobrir conserva hoje qualquer valor. Apenas admiramos, sem entender, que um dos maiores espíritos humanos tenha tido essa intuição das leis, quando não lhe era possível conhecer nenhuma delas.

Assim como uma grande velocidade contrai as distâncias e dilata o tempo, a mutação atual sobrepõe as idéias, estendendo-as por toda a história humana. Ela nos obriga a pensar, a nos tornar sábios, ou seja, homens conscientes da existência das leis. Seria absurdo que isto nos conduzisse a um pensamento único, ou seja, a um sono comatoso do pensamento. Pelo contrário, é preciso tirar partido de tudo que existe de vivo e profundo na humanidade para amá-la mais e ajudá-la, inclusive em nós mesmos. Todos somos profetas, portanto, cada um com sua cultura e o respeito dos outros, vale dizer, todos vigias na gávea das inevitáveis tempestades.

POST-SCRIPTUM: CONTRA AS INTERPRETAÇÕES MÍSTICAS

Dissemos neste capítulo tudo que nos parecia importante quanto ao sentido do sagrado, mas provavelmente não serão inúteis certos esclarecimentos. De fato, poderíamos ser mal interpretados, sendo nossas considerações confundidas com o grande movimento circundante de "volta ao divino", cujas reverberações sentimos atualmente por toda parte, no mínimo porque esse movimento também invoca a noção de sagrado. Livros e jornais falam de espiritualidades novas, de reencantamento do mundo, de técnicas de meditação, de carisma ou de mística. Entretanto, nada poderia estar mais distante de nosso pensamento que essas novas buscas de Deus, embora efetivamente exista o risco de confusão se as páginas que antecedem forem lidas apressadamente. É este risco que nos leva aqui a frisar bem claramente as fronteiras, neste *post-scriptum*.

Lembremos mais uma vez que nossa *démarche* pretende ser inteiramente racional e enraizada na realidade. Como tudo que faz parte da ciência, ela é indissociável de certo embevecimento diante do mundo, não tendo portanto a menor necessidade de re-encantá-lo. A maioria das espiritualidades atuais, em vez de se abrirem para a realidade, confina-se cegamente na estreita célula de uma caixa craniana: humanas, demasiadamente humanas, poderíamos dizer, retomando a fórmula de Nietzsche. Seja como for, delas nos distinguimos em dois pontos essenciais, estreitamente ligados, dizendo respeito à fonte da verdade e à futilidade dos vapores místicos.

No melhor dos casos, a verdade espiritual de uma religião provém supostamente de uma revelação reproduzida num livro como a *Bíblia*, o *Corão*, a *Bhagavad-gita* ou em coleções de textos como os sutras budistas e os upanixades hinduístas. No pior dos casos, essa verdade é promulgada por um guru, sendo calorosamente cultivada numa seita.

Pareceu-nos que a maneira mais clara e honesta de assinalar nossas diferenças consistia em nos apoiar num texto respeitável, indicando o ponto a partir do qual dele nos separamos radicalmente. Mas qual? Um texto contemporâneo teria o inconveniente de privilegiar esta ou aquela tendência particular. Voltamo-nos então para um clássico, *Introdução à vida devota,* de São Francisco de Sales, cuja espantosa modernidade, por sinal, pode ser constatada por qualquer um, embora tenha sido escrito em 1608.[7] É uma das primeiras obras afirmando que a espiritualidade não está reservada ao clero e aos monges, sendo "conveniente a todos os

---

[7] Em sentido inverso, pode-se preferir constatar o espantoso conservadorismo da mística moderna.

tipos de vocações e profissões". A expressão "vida devota" provavelmente seria hoje substituída por "vida espiritual" ou "mística". Seja como for, é efetivamente assim que devemos entender este adjetivo algo fora de moda.

Como não temos, de nossa parte, inclinação pela meditação nem objeção a seu respeito, qualquer que seja a postura, de joelhos ou com as pernas cruzadas, não discutiremos seu princípio, limitando-nos aqui a retomar o que sobre ela diz Francisco de Sales. Ele enumera suas regras. Esta meditação começa com uma "preparação" que consiste em tomar consciência da presença de Deus. Naturalmente, nada temos a acrescentar, apenas observando as ambivalências metafísicas da palavra "Deus" e manifestando nossa preferência pela evidência do sagrado.

Segue-se uma invocação, que repousa, naturalmente, na possível personalização desse Deus. Também falamos disto a propósito da oração, este extraordinário atalho que identifica o Criador — ele próprio situado, por princípio, acima do Universo — a um provedor de graças que se digna a ouvir sua criatura. Os hindus expressam o conceito por meio de uma fórmula lapidar, "tu és isto", e de nossa parte aceitamos ser um bilionésimo de humanidade e um quase nada do Universo, mas um quase nada da mesma natureza que o todo. Ainda não é aí, portanto, que se situa a objeção.

Onde a coisa pega é no momento em que a meditação, segundo Francisco de Sales, começa realmente, voltando-se para a contemplação de um "mistério". Esse mistério pode ser qualquer um dos dogmas da religião (católica, no caso): a encarnação de Deus num homem, a ressurreição desse deus-homem, a virgindade de sua mãe, a Trindade divina ou Juízo final. Em outras religiões, seria a viagem celeste de Maomé ou a encarnação de Vishnu na pessoa de Krishna, ou ainda a transmissão do *Livro de Mormon* a Joseph Smith. Em cada um desses casos, a pessoa deve concentrar-se num mistério irrecusável, que é preciso apenas entender melhor para mais se compenetrar dele, e jamais — mas jamais mesmo — questioná-lo. É neste ponto que o sentido do sagrado, tal como o entendemos, opõe-se de maneira absoluta à mística, na medida em que se confrontam, de um lado, uma verdade decorrente da ciência que deve ser descoberta, comprovada, mas mantendo-se sempre aberta, e, de outro, uma verdade por toda a eternidade passada no cadeado por um tabu.

Deixaremos de lado as orientações espirituais de Francisco de Sales a propósito das considerações que podem ser feitas sobre o mistério escolhido, sua aplicação à vida daquele que medita e as soluções que haverão de se seguir. O exame de consciência sempre foi um exercício razoável, desde que não chegue a excessos. Seja como for, isto nada tem a ver com os métodos da "meditação transcendental", com sua repetição hipnótica de uma palavra (um *mantra*) até apagar todo o resto. Os neurobiólogos certamente têm razão de estudar esse tipo de comportamento (recorrendo a câmeras de pósitrons que acompanham a circulação sangüínea no cérebro), pois essas práticas têm mais a ver com a fisiologia do que com o pensamento, transformando-se a mística, no fim das contas, numa simples performance espiritual.

No entanto, Francisco de Sales nos fascina e nos inquieta mais que os gurus em busca de publicidade. Ele nos fascina por ser um homem profundamente respeitável que dá mostra de grande lucidez. Representa, em sua própria pessoa, um belo equilíbrio entre a razão e o sentido do sagrado, como tantos outros que a ele se assemelham hoje em dia. Mas nos inquieta pelo significado que atribui à verdade e pelo que daí resulta: a importância exclusiva das verdades reveladas, dos mistérios, e o convite a práticas que os imprimem sem descanso em si mesmo. Semelhante método, com efeito, pode levar a todos os fanatismos — quando seu contexto teológico é aberrante —, e é então que o misticismo se revela o pior inimigo do pensamento.

Capítulo 10

UM SONHO INSPIRADO

Natanael estava espantado com o rumo que tomava nossa conversa. Enquanto nos ouvia discutir sobre as religiões e suas respectivas virtudes, o interesse de acreditar antes no inferno que na reencarnação ou a importância das línguas mortas nas religiões vivas, seu interesse ia aos poucos sendo despertado, já que nunca ouvira falar de tudo aquilo. Abria-se diante dele um mundo das Mil e Uma Noites, cheio de milagres e envolto em esplêndidas palavras. Ele quis saber mais, leu a Bíblia numa versão em quadrinhos e trechos do Corão, comprou a *Imitação de Jesus Cristo* e as obras do pseudo-Dênis, o Areopagita, em versão abreviada, de tal maneira que tanto zelo de neófito começou a nos preocupar.

Sentimos uma pressão no peito, no jardim de Ouvir-a-Chuva, no dia em que ele nos confessou, com um brilho nos olhos: "Eu também tive uma revelação! Adivinhem o quê!" Aquele jeito juvenil de falar de iluminação não nos parecia nada bom, mas, quando ele acrescentou que simplesmente tivera um sonho depois de suas leituras, ficamos tranqüilos, para o que contribuiu a intensidade brincalhona do olhar que nos dirigia. Devia ser mesmo um belo sonho, o que ele nos confirmou, passando a contá-lo.

Eu estava sonhando com o palácio das leis e o contemplava de longe, quando senti a presença de Ouvir. Ele não estava mais usando o uniforme de guia, mas uma toga branca que realçava seu porte. Eu tinha perfeita consciência de que aquele que estava diante de mim era um grande demiurgo, mas me sentia estranhamente à vontade, imbuído de respeito, mas totalmente confiante, e me parecia que nossa conversa já durava muito tempo.

Dizia-me ele: "Você pode entender, Natanael, que, se usarmos a palavra 'Deus' para designar um certo princípio primordial, ou um centro irradiador da realidade, ele naturalmente estará mais próximo da natureza das leis que da forma humana: a Forma por excelência, em suma. Mas isto não impede que entre nós — nós, os anjos e demiurgos — falemos dele como se fosse uma pessoa, e que ele se digne a aceitar isso."

A religião judaica

"Lembro-me perfeitamente", prosseguiu Ouvir, "do primeiro encontro com Moisés. Ele gostava de subir ao pico do monte Horeb para ficar mais perto do céu, e certo dia fizemos aparecer à sua frente a sarsa ardente. Era um conjunto de arbustos envolto em luz vívida, que naquela época tão antiga não podia deixar de evocar a imagem do fogo.[1] Impressionou Moisés, no entanto, o fato de os ramos secos não serem consumidos e de preservarem o verdor aqueles que traziam algumas folhas. Aquele fogo que se

[1] Os historiadores situam o personagem de Moisés nas imediações do ano 1200 antes de nossa era.

prolongava sem destruir evocava inevitavelmente a idéia de eternidade, e era este de fato o sentido da mensagem. Moisés ficou estupefato quando uma voz elevou-se do centro maravilhoso da sarsa e chamou-o pelo nome: 'Moisés, eu sou o Deus dos teus pais, o Deus de Abraão, Isaac e Jacó.' Em seguida, a voz ordenou-lhe que voltasse ao encontro de seus irmãos hebreus, para livrá-los da condição de escravos no Egito. Moisés ficou preocupado: 'Em nome de quem vou dizer-lhes que me manifesto?' A esta pergunta, que no fundo significava 'Qual é teu nome?', a voz divina respondeu apenas: 'Eu sou o que é.'"

Natanael falou-nos da estranha impressão que teve nessa parte do sonho. Pareceu-lhe que seu pensamento se impregnava do que estava ouvindo, identificando inúmeras ressonâncias. "O que é", ou então "Eu sou", Jeová, não significaria o centro da realidadc, ou as lcis conjugadas à criação? Ao dizer a Moisés que "Eu sou" é único, Deus ao mesmo tempo lhe revelava a existência de um princípio indivisível no Universo.

Ouvir, que parecia estar lendo seu pensamento, mostrava-lhe também, como num pano de fundo, o momento em que Moisés recebeu as Tábuas da Lei. Ele estava mais uma vez no monte Horeb, já agora cercado pela enorme e colorida multidão dos hebreus que haviam saído do Egito em condições fantásticas. Moisés subira sozinho ao topo, no mesmo lugar onde de outra feita aparecera a sarsa ardente, e a Lei era inscrita em duas pedras, planas como tábuas. Estranhamente, Natanael podia claramente lê-las, mas sem conseguir entender se os sinais que nelas se encontravam eram hieróglifos egípcios ou caracteres cananeus.

Assim foi que pôde ler as regras de conduta que durante milênios orientaram os homens numa grande extensão da Terra: honrarás pai e mãe; não matarás; não cometerás adultério; não roubarás; não prestarás falso testemunho; não cobiçarás... Lendo-as, ele tremia de emoção, como se as estivesse descobrindo. Seu olhar deteve-se nos primeiros mandamentos: amarás o Teu

Deus, que te tirou do Egito, e dele não farás imagem. Não abusarás de Seu nome.

Ouvir comentava: "O mandamento para não fazer imagem de Deus foi inicialmente interpretado como proibição de fabricar ídolos, como o do Velocino de Ouro, que açambarcou sozinho todo o capital trazido do Egito pelos hebreus. Naturalmente, ele significava que Deus não se compara a nada de que possamos ter uma representação. E, por sinal, os hebreus não entenderam imediatamente que se tratava de um Deus universal, absolutamente único, e não de um Deus reservado exclusivamente a eles e que se pretendia único entre eles.

"De minha parte, tomei a iniciativa de dirigir-me a alguns profetas, discretamente, mas eles se formavam em escolas especializadas e tinham tendência a se repetir. Tentei, mais uma vez, com um persa, Zaratustra,[2] que vivia na região leste do Irã. Acho que não nos entendemos muito bem, pois ele passou a pregar a existência de dois deuses, um dos quais fazia o Bem, e o outro, o Mal. Mas se tratava de deuses universais, e não específicos, em princípio, de um povo particular.

"Os hebreus, por sua vez, eram oprimidos por vários impérios concorrentes, e sua última capital, Jerusalém, foi tomada por Nabucodonosor, rei da Babilônia.[3] Toda a elite de artesãos e intelectuais judeus foi então deportada para as margens do Eufrates, na Mesopotâmia.[4] Este cruel destino teve, entretanto, algumas

---

[2] Diz-se também Zoroastro. As datas de sua vida são incertas, situando-se entre 1000 e 600 antes de nossa era.

[3] O que aconteceu em -587.

[4] A designação "judeus" começa a tomar o lugar de "hebreus" a partir de -721. Na época, existiam no território da Palestina dois Estados distintos, Israel (também chamado reino da Samária) e o reino de Judá, cuja capital era Jerusalém. Quando a Samária foi tomada pelos assírios, restou apenas o reino de Judá, de cujo nome derivou a palavra "judeu", para designar seus habitantes.

compensações, como a oportunidade de conviver com os autóctones e outros exilados, entre eles os persas.

"Um profeta, o segundo com o nome de Isaías, lançou então duas grandes idéias. A primeira consistia em superar o provincianismo de Jeová, Deus de um povo eleito, para conceber um deus ao mesmo tempo único e universal (Eu sou o primeiro e o último; além de mim, não existe deus). A segunda era o anúncio de um salvador, um Messias, que viria à Terra para impor para sempre a lei divina.

"Você sabe perfeitamente, Natanael, que os judeus voltaram para suas terras quando Ciro, rei dos persas, derrotou Babilônia, libertando-os.[5] Cinco séculos depois, no entanto, a Palestina era novamente ocupada, dessa vez pelos romanos. Duas vezes os judeus se revoltaram, sofrendo terríveis massacres.[6] O país estava devastado, a opressão era terrível e os sobreviventes fugiram. A partir dali, sua vida transcorreria no exílio durante quase dois mil anos. É esta a história, que conta apenas o horror ordinário dos costumes neolíticos."

o cristianismo

Natanael prosseguiu: "Achei que o meu sonho ia acabar. Parecia que eu estava voando suavemente sobre as terras e os tempos, novamente sozinho, deslizando com uma asa invisível. Foi quando vi de longe um rio e me aproximei, e que pude ver dois homens mergulhados até a cintura perto da margem, em meio a uma multidão em silêncio. Um deles, com as mãos postas, vertia água na cabeça do outro. Pareceu-me que os conhecia, embora

[5] Em -539.

[6] Esses dramáticos acontecimentos ocorreram em 70 e em 135 de nossa era.

possivelmente seus rostos estivessem marcados em minha mente por incontáveis quadros de museus, mas logo pude certificar-me: João batizava Jesus nas águas do Jordão.

"Senti então a presença de Ouvir, que estava novamente a meu lado e comentava: 'Este Jesus era por nós chamado de Filho, tão profundo era o sentimento filial que sentia por Deus. Era o filho de um carpinteiro, que também fora operário na juventude, e era difícil dizer se Nele era maior o coração ou o espírito. Ele proclamou na Terra uma mensagem de amor: 'Amarás a Deus com todas as tuas forças, e ao teu próximo como a ti mesmo.'

"'É estranho', prosseguiu Ouvir, 'por mais que eu veja tantas coisas no Universo, essas palavras continuam me perseguindo, e eu as aplico a tudo que existe, tudo, tudo mesmo. Mas devo reconhecer, com grande pesar, que muito raramente elas foram postas em prática, e que, na realidade, esse cristianismo nunca foi realmente tentado.[7] Talvez esta palavra anuncie o resultado da grande mutação, mas eu não teria como dizer: o futuro, veja bem, nunca está escrito.'"

Natanael acrescentou que se dispunha a fazer mais perguntas a Ouvir: Era verdade que Jesus nascera fora das leis da genética, e era possível acreditar em sua ressurreição? Que significava ela? Mas já não havia a seu lado ninguém para responder.

o islã[8]

"Meu sonho continuou", prosseguiu Natanael, "ou talvez tenha recomeçado, depois de um sono profundo. Quando acordei

---

[7]Ouvir está expressando aqui um pensamento de Théodore Monod.

[8]"Islã" é uma palavra freqüentemente repetida no Corão, e significa "entregar-se a Deus". Passou a designar habitualmente a religião desse livro.

dentro do próprio sono, estava novamente planando acima de um deserto de extrema aridez. Era na Arábia, disto eu estava certo.

"Havia diante de mim várias tendas. Crianças brincavam, mulheres vestidas até os olhos mourejavam sem descanso em diversas tarefas e um grupo de homens ouvia um dos seus, que falava. A cada etapa, os outros repetiam suas palavras várias vezes, visivelmente tentando imprimi-las na memória. Entendi quem era o homem no centro, pois toda a sua pessoa permanecia indistinta, ao passo que os traços dos comensais eram claramente perceptíveis. Que estranhas peças nos pregam os nossos sonhos, a ponto de serem invadidos por nossas leituras e de se insinuar até em meu sono a exortação ritualística de não reproduzir a imagem do profeta, Maomé ou Muhammad.

"Naturalmente, não me surpreendi ao dar novamente com Ouvir a meu lado. A luz ofuscante do deserto parecia exaltar o seu humor. Disse-me ele:

— Você sabe que Maomé era órfão, e, como no caso de Jesus, as circunstâncias de seu nascimento foram descobertas ou reconstituídas posteriormente.[9] Eu não estava presente para saber, pois a missão de instruí-lo durante suas noites de êxtase foi confiada a meu eminente colega, o arcanjo Gabriel. Este, como todos os seus semelhantes, tem um lado militar que lhe permitia apreciar as qualidades de estrategista de Maomé. Era também dotado de um agudo senso de disciplina, e não se cansava de repetir ao interlocutor, ao longo de anos de conversas, as bases essenciais do regulamento: 'Não existe outro deus, senão Deus.'

"Os adversários de Maomé criticavam-no por não escorar em milagres a verdade de sua missão. Não seja por isto, decidiu Gabriel, e certa noite conduziu Maomé por uma viagem pelos

---

[9]Assim é que Maomé nasceu limpo como um cordeiro, circuncidado e com o cordão umbilical já cortado. Seu nascimento ocorreu por volta de 570.

ares que os levou até Jerusalém, para em seguida chegar ao próprio céu. Depois de conversar com Moisés, Elias e Jesus, Maomé teve a honra de ver que Alá o interpelava por sua própria Boca, revelando-lhe que ele, o Profeta, era seu 'amigo' e que fora eleito desde sempre, antes de todos os outros profetas. Confiou-lhe então o *Corão*, a coletânea das palavras divinas que haviam sido transmitidas pelo arcanjo mensageiro, assim como segredos de tão profunda natureza que ele seria proibido de revelá-los.

"'Assim', prosseguiu Natanael, 'eu ouvia enquanto os companheiros do Profeta continuavam a salmodiar os textos do *Corão*: os suras. Pareceu-me que Ouvir estava me confiando algumas migalhas dos ensinamentos secretos que Maomé recebera de Alá, mas a meus ouvidos aquilo já não passava do murmúrio indistinto de um regato de saber esotérico. Certamente que eu estava para despertar. E de fato acordei, levando muito tempo para voltar a tomar pé da realidade.'"

Capítulo 11

CIÊNCIA E RELIGIÕES

Uma religião pode evoluir? Basta abrir um tratado como o de Eliade[1] para constatar que efetivamente foi assim ao longo das eras. Mas a questão verdadeiramente pertinente é diferente. Ela diz respeito a uma evolução do pensamento religioso que o vincula ao que a ciência conhece. Em suma, harmonizar o que cremos com o que sabemos.

ciência e religião na europa

A questão colocou-se inicialmente para o cristianismo, pois a ciência se desenvolvia em terras cristãs. Houve altos e baixos, lutas, rejeição de parte a parte. Parece que o protestantismo foi o primeiro a evoluir, embora nunca integralmente. A adaptação começou na Alemanha, no início do século XIX, levando ao que chamamos de protestantismo liberal. Este, convencido do caráter

[1] Mircea Eliade, *Histoire des croyances et des idées religieuses*, *op. cit.*

vital das lições de amor do Cristo, tentava destacar o essencial dessa mensagem das camadas acumuladas pela história.

A Igreja Católica evoluiu mais lentamente, mas hoje já se deu conta do alcance das revelações da ciência. Para comprovar isso, basta comparar suas posições históricas com cento e cinqüenta anos de distância. Se em 1854 o papa Pio IX, feroz adversário das novidades, proclamava o dogma da imaculada concepção de Maria, e em 1870 o da infalibilidade pontifícia, recentemente João Paulo II reviu as conclusões do processo de Galileu e pediu perdão aos judeus por séculos de perseguição. Quanto à evolução das espécies, inclusive da espécie humana, reconhece-se hoje como um fato. Foi, portanto, imenso o caminho percorrido.

É verdade que o cristianismo tem os seus fundamentalistas, que se agarram ferozmente à letra e às tradições. Sua doutrina é particularmente simples em certas correntes do protestantismo: tudo que está escrito na Bíblia é verdadeiro de maneira absoluta, não sendo tolerável a menor dúvida. Na realidade, ficamos nos perguntando de onde tiram toda esta certeza: onde está escrito algo semelhante na própria Bíblia? São Paulo (na segunda epístola a Timóteo) dizia apenas que toda Escritura era inspirada por Deus e útil para ensinar, convencer, reerguer e educar na justiça. São Pedro (em sua segunda epístola) afirmava, por sua vez, que homens foram "levados pelo Espírito Santo a falar da parte de Deus". Teólogos confirmam que em parte alguma da Bíblia se diz que era ela absolutamente verdadeira, a Torá sempre se refere apenas a inspirações, divinas, é verdade, mas apenas inspirações.[2]

---

[2] Cabe lembrar que a coletânea dos textos religiosos tradicionais é que constitui a Torá, na religião judaica. A Bíblia, por sua vez, é constituída de duas coletâneas, conhecidas como Velho e Novo Testamento (podemos identificar a etimologia de "texto" na palavra "testamento"). O Velho Testamento é praticamente idêntico à Torá judaica; o Novo Testamento relata a história de Jesus e dos primeiros cristãos.

Não vamos enveredar aqui, portanto, pela crítica fácil, deduzindo das dimensões do "mar de bronze" (uma pia do templo de Jerusalém destinada às abluções ritualísticas) que o número *pi* seria igual a 3: isto mostra apenas que existem na Bíblia imprecisões perfeitamente humanas, de acordo com época em que foram escritos os textos.[3] A inspiração do texto bíblico não tem nada, assim, de um ditado feito palavra por palavra, e, justamente por se tratar de uma inspiração, pressupõe que o homem exerça sua inteligência para entender e "educar na justiça".

A religião judaica é tão próxima da cristã nessa questão que podemos ser breves. Sua tradição parece não ter qualquer dificuldade mais séria a esse respeito, pelo menos de ordem metafísica. Talvez tivéssemos dificuldade para mencionar praticantes assíduos do judaísmo que também tenham sido cientistas de alto coturno, mas certamente eles existem. Os exemplos já são numerosos, em contrapartida, se reduzirmos a crença ao monoteísmo e aos dez mandamentos.

Houve quem pretendesse transformar Einstein em fiel da religião judaica, embora ele próprio nunca tenha manifestado nada nesse sentido. Suas declarações representam, pelo contrário, as mais belas referências possíveis ao sentido do sagrado tal como o entendemos. É o que evidenciam certos trechos de seu livro *Como vejo o mundo*, como no momento em que fala dos "gênios religiosos de todos os tempos", observando que todos se "distinguiram por sua religiosidade ante o cosmos". Segundo ele, é assim que atingimos "a religião em seu último grau, embora raramente ela seja acessível em sua pureza total". E ele esclarece: "Dou a isto o nome de religiosidade cósmica, e não me é fácil falar a respeito, pois se trata de um conceito novo, ao qual não corresponde qualquer noção de um Deus

---

[3]A pia tinha dez côvados de diâmetro, forma perfeitamente redonda e uma circunferência que era medida por uma corda de trinta côvados. (1 Reis, 7-23)

antropomórfico... Como poderia esta religiosidade ser comunicada de um homem a outro, visto que não é capaz de conduzir a nenhum [outro] conceito [facilmente compreensível] de Deus, a nenhuma teologia? Para mim, o papel mais importante da arte e da ciência consiste em suscitar este sentimento e mantê-lo vivo naqueles que lhe são receptivos." Este sentimento, acrescenta, desenvolve nessas pessoas uma regra de vida dominante: a coragem necessária para se libertar da escravidão dos desejos egoístas. "Indubitavelmente, este sentimento pode ser comparado ao que animou os espíritos criadores religiosos em todos os tempos."

Por isso, segundo ele, é que a religiosidade do sábio "consiste em se espantar, se extasiar diante da harmonia das leis da natureza, na qual se revela uma inteligência tão superior que, diante dela, todos os pensamentos humanos, com todo o seu engenho, só podem revelar seu derrisório vazio".

A ciência e o mundo muçulmano

O caso do islã parece, à primeira vista, menos simples que os do judaísmo e do cristianismo, na medida em que o *Corão* resulta em princípio de um ditado divino. Os limites conceituais impostos por ele, em contrapartida, são mais frouxos, a julgarmos pelo admirável renascimento artístico, intelectual e científico que se seguiu à expansão da religião muçulmana. Do século VIII ao século XI, e em certos lugares muito mais tarde, a civilização do islã brilhava em seu apogeu enquanto a Europa ainda se vestia "de ferro e burel" e estava enfeixada em dogmas acanhados. Astrônomos, matemáticos, físicos, médicos, naturalistas e filósofos árabes, persas e egípcios reanimavam as cinzas da Antigüidade grega para atiçar sua chama.

São numerosos os exemplos desses pensadores de alto coturno, mas citaremos aqui apenas um deles, por ser relativamente pouco conhecido e, em nossa opinião, admirável. Al-Hazen, pois é dele que estamos falando, nasceu em 965 em Bassora, na embocadura do Eufrates, em território do atual Iraque, e morreu no Cairo em 1039. Escreveu um tratado de ótica que foi traduzido para o latim no século XIII e inspiraria, muito tempo depois, Kepler e Descartes.

Afirma-se, às vezes, que os cientistas árabes nada mais fizeram que transmitir a ciência grega, aperfeiçoando-a em certos pontos, mas o caso de Al-Hazen é um exemplo do contrário.

Ele inventou em especial a câmara obscura. Trata-se de uma câmera desprovida de sistema ótico, composta simplesmente de uma caixa negra com um buraco. Al-Hazen valeu-se desse aparelho rústico para demonstrar que a luz se propaga em linha reta. Também refutou, pela experiência, uma teoria de Aristóteles que perdurou durante treze séculos e que ninguém até então contestara. Ela sustentava que o olho é a causa de sua própria visão, atraindo para si a luz emitida pelos objetos. Al-Hazen mostrou a falsidade da hipótese, demonstrando que os objetos, pelo contrário, refletem luz externa, que só então vai ferir o olho. Os dispositivos extremamente simples que utilizava poderiam ser empregados para explicar certas propriedades fundamentais da luz às crianças de hoje, com proveito e a baixo custo.

Como outros cientistas de sua época, Al-Hazen era matemático, e seus comentários sobre os textos gregos de Euclides, Arquimedes e Ptolomeu são considerados judiciosos. Ele resolveu equações do terceiro e do quarto graus utilizando intersecções de elipses e de hipérboles. Investigou também o quinto postulado de Euclides, que adquiriria posteriormente importância central na história moderna das matemáticas.

Era um personagem romanesco. Diz-se que, fascinado com as enchentes do Nilo, ele imaginou um fabuloso projeto de barragem para torná-las mais regulares, conseguindo convencer o califa a incumbi-lo da empreitada. Para tanto, recebeu dinheiro e mão-de-obra (com isso, tornando-se o precursor dos cientistas modernos, adeptos de projetos faraônicos). Mas Al-Hazen logo constatou que seu projeto era utópico. Muito pouco interessado em pagar com a vida o seu fracasso, simplesmente fingiu-se de louco e encontrou refúgio no Cairo.

Vendo a riqueza do movimento de idéias no Oriente Médio árabe, ficamos imaginando por que teria secado a fonte de gênios como Al-Hazen e por que o pensamento científico definhou posteriormente no mundo muçulmano. Cabe acrescentar, no entanto, que continuam existindo grandes cientistas dessa estirpe, e estamos pensando, em particular, num falecido amigo e colega paquistanês, Abdus Salam. Ele foi um dos inventores do modelo padrão das partículas e fundou o Instituto Internacional de Trieste, para a formação de cientistas de nações subdesenvolvidas. Declarava-se muçulmano, mas são raros hoje os homens dessa grandeza, mais raros que em outras civilizações, o que faz com que nos perguntemos sobre as causas dessa rarefação.

Uma resposta brutal foi aventada por Ahmed Zewail, Prêmio Nobel de química de 1999, que nasceu e foi criado no Egito e viria a tornar-se titular da prestigiosa cadeira Linus Pauling no Instituto de Tecnologia da Califórnia.[4] Ele não considera que os limites impostos pela religião às especulações do espírito sejam os responsáveis pelo sono da ciência no mundo muçulmano. O passado bastaria para provar o contrário. Ele enxerga a causa numa influência crescente, ao longo dos anos, de tendências obscurantistas, hostis por princípio a toda busca científica e a todo conhecimento dessa ordem: pois Deus não cuidou de estabelecer para sempre o que basta conhecermos? Mahathir Mohamed, primei-

---

[4] *Le Nouvel Observateur,* "Débats de l'Observateur", 26 de julho de 2003.

ro-ministro da Malásia, afirma, por sua vez, que o verdadeiro obstáculo para o desenvolvimento não é o islã, mas a teimosia dos ulemás políticos, que reduzem todo conhecimento exclusivamente ao conteúdo do Corão e à sua interpretação mais restritiva. Em suma, o fundamentalismo vedaria toda perspectiva de futuro.

pelo espírito religioso...

A questão das relações entre ciência e religião desperta interesse crescente neste início de século, como se nossa sociedade percebesse mais ou menos do modo confuso a pressão da mutação.

O contexto comum em que se defrontam a ciência e a religião só pode ser, de nosso ponto de vista, o da mutação. É a perspectiva em que ambas surgem como mensageiras do extra-humano. A religião dá-lhe o nome de "Deus", enquanto a ciência entrega-se às profundezas do Universo e das leis. Foi no exame da questão do sentido que as vimos se aproximarem, se oporem, dialogarem, convergindo afinal na presença do sagrado sentido pelo homem consciente de sua humanidade num mundo que o envolve e o supera até o infinito.

Hoje, sabemos que a ciência tende para o verdadeiro, mas que o sentido lhe escapa; simetricamente, a profundidade da religião está no sentido que traz em seu bojo, enquanto sua roupagem conceitual está em frangalhos. De certa maneira, quase tudo que é metafísica religiosa volta a ser terreno virgem, à parte o essencial, o fogo nas cinzas, o diamante na ganga tão bem identificado por Einstein nos grandes criadores religiosos. É a unidade do divino em Moisés e Maomé — essa esplêndida intuição de uma coerência insondável da realidade extra-humana. É o amor pregado por Jesus ou a compaixão do Buda. E, sobretudo, são todas essas vidas de homens e mulheres aos quais se aplicam as palavras "santo" ou "justo", e que mostram o caminho.

...e contra as religiões

As religiões que preservarem seu sentido original, o de mensageiras do divino, não poderão deixar de depurar suas doutrinas para delas extrair o essencial. Isto não deixará de suscitar reações, os fundamentalismos haverão de opor-se por todos os meios. A proliferação de seitas não é menos manifesta. Quando a sabedoria induz as grandes religiões a reduzir em seu repertório o peso das crenças Neolíticas, multiplicam-se as empreitadas substitutivas, tanto mais que as imitações são de fácil execução.

A sabedoria nem sempre se impõe, e ainda hoje vemos as religiões fazendo concorrência umas às outras, tentando cada qual aumentar ou preservar sua ascendência. Isto não deixa de ter algo de absurdo, tão evidente parece que nenhuma delas detém uma verdade absoluta. O mais das vezes, elas só opõem umas às outras aquilo que têm de inaceitável, e esses conflitos obscuros mostram o grau de dificuldade dos seres humanos para distinguir o que é da ordem do pensamento daquilo que é da ordem do sentimento.

Distinguir, ir ao essencial: não é precisamente este o papel da filosofia? Ela pôde algumas vezes mostrar que era capaz de destilar o melhor da religião, como no caso dos platônicos, ou, mais tarde, Tomás de Aquino, Maimônides e Averróis: o cristão, o judeu e o muçulmano. A filosofia européia, de Descartes a Kant, já empreendera a necessária depuração dos valores cristãos em que nasceu, e continua sendo a única a levar adiante o que ainda está vivo do espírito grego.

Ela nunca terá sido mais necessária que agora, quando deveria surgir de nosso conhecimento uma arte mais pura de viver e amar. Devemos portanto enxergar mais longe que André Malraux em sua famosa profecia: "O século XXI será religioso", pois isto pode significar o melhor como também o pior. O melhor, sem dúvida alguma, ou a grande esperança, seria que este século realmente voltasse a ser filosófico, mas em seu sentido original: "amigo da sabedoria".

Terceira parte

Por uma educação no século XXI

Capítulo 12

CIÊNCIA E SOCIEDADE

Ficou faltando uma enorme parte à descrição que fizemos da ciência: a da tecnologia e do incrível poder que ela confere. A atual mutação apresenta, com efeito, dois aspectos principais: uma mudança de perspectiva na visão do mundo e uma transformação revolucionária da vida na Terra, sem possibilidade de volta atrás em qualquer dos dois casos. Falamos até agora apenas do primeiro aspecto, ao passo que é o outro que pesa diretamente no destino da humanidade.

Os problemas são imensos. Eles se misturam e condicionam reciprocamente. Quando os situamos no tempo, vemos que não passa um mês sem que surjam inovações técnicas, torrencialmente. O espaço, por sua vez, nunca foi mais reduzido, de tal maneira a Terra é coberta pela massa dos homens. O encolhimento outrora gerado pela mutação neolítica reproduz-se de modo mais cerrado, exacerbando as tensões entre homens que nunca foram tão perigosamente vizinhos.

A ciência moderna que nasceu na Europa ocidental e propiciou seu desenvolvimento técnico proporcionou-lhe um avanço considerável, levando-a a se industrializar em primeiro lugar. A maneira como ela se valeu disso serviu apenas para agravar enormes frustrações em outras latitudes, verificando-se atualmente uma corrida desesperada para ver quem toma a frente. Os Estados Unidos, a Europa, a China, a Índia, o Japão e outros ainda estarão nessa corrida, deixando para trás os perdedores da competição? Nem todo mundo ganhará medalha de ouro. O famoso "avanço tecnológico" repousa numa convenção frágil: a proibição de copiar, ao passo que a ciência é, em princípio, universal.

As matérias-primas estão muito desigualmente repartidas, especialmente o petróleo; donde novas fontes de lutas surdas e regateios. A abundância para todos e o emparelhamento com o nível de vida dos países mais ricos esbarram no problema da energia: as reservas são limitadas, há quem sonhe com reatores de nêutrons rápidos que permitiriam multiplicar por 100 as reservas de energia nuclear, que alcançariam então mil séculos. Outros sonham com a extração de urânio da água do mar, cujo preço seria quinze vezes mais elevado que o dos minérios, mas que garantiria reservas sem limite, e há finalmente quem aposte na fusão termonuclear, e um gigantesco empreendimento internacional, o projeto ITER, foi iniciado por todos os países industrializados. Mas esta energia que faz o Sol brilhar ainda não foi aprisionada. Será que poderá sê-lo um dia? Só a pesquisa responderá.[1]

Enquanto isto, a Terra sofre. As grandes florestas primárias encolhem sem parar. Nunca tantas espécies vivas, vegetais ou animais, desapareceram por anos consecutivos, pelo menos não nos últimos 65 milhões de anos, desde quando um aerólito pôs fim ao reino dos dinossauros. O aquecimento do planeta pode levar, com o tempo, à submersão de grandes cidades e planícies férteis, e gran-

---

[1] Georges Charpak, Richard L. Garvin, *Feux follets et Champignons nucléaires*, Paris, Odile Jacob, 1997.

des mudanças climáticas, provocadas, por exemplo, pelo desaparecimento do Gulf Stream, viriam lembrar-nos como a Europa está próxima do Ártico.

E há, naturalmente, as armas capazes de destruir tudo. E a nossa cegueira de pobres seres humanos, que nunca fomos tão primitivamente primatas, incapazes de enxergar além de nossas seculares rotinas.

Torrentes de sangue

Dez mil anos de guerras e massacres, eis a principal informação que um espião extraterrestre levaria sobre a espécie humana, em toda essa época Neolítica de que não conseguimos sair. No milênio que se seguiu ao nascimento do islã, as civilizações estiveram, da Europa à Índia, sob a influência espiritual, política e econômica das duas grandes religiões monoteístas, o cristianismo e o islã. A história mostra então, com toda evidência, que as religiões não antepuseram qualquer obstáculo à liberação das piores violências, não obstante os princípios morais inscritos em seus livros sagrados.

O confronto entre elas levou, por vezes, a certos progressos e a uma primeira forma de mundialização, graças às trocas econômicas, à transmissão de certos valores espirituais, artísticos e científicos, e também pela partilha da contribuição de artistas e pensadores. Mas isto não encobre a realidade das cruzadas e das guerras religiosas entre católicos e protestantes, árabes e otomanos.

Assim, durante a noite de São Bartolomeu (23 de agosto de 1578), os católicos mataram três mil protestantes em Paris. Em 1608, no prado de Merles, nos Balcãs, os otomanos massacraram dezenas de milhares de sérvios, cristãos ortodoxos que ainda em

1996 guardavam suficientemente essa lembrança imperecível para evocá-la massacrando sete mil homens, mulheres e crianças em Srebrenica, diante de câmeras de todo o mundo.

Um cronista franco, Raoul de Caen, relatava nos seguintes termos as "façanhas" dos nobres cruzados: "Em Maara, os nossos cozinharam pagãos adultos em marmitas. Prendiam as crianças em espetos e as devoravam assadas." Os habitantes das localidades próximas de Maara haveriam de lembrar-se até o fim da vida do que viram. A lembrança dessas atrocidades, propagada pelos poetas locais e pelas tradições orais, fixou durante séculos uma imagem dos *franjis* difícil de apagar.[2]

A Revolução Francesa de 1789 ainda hoje é admirada em muitos países pela inspiração que representou para os que lutavam e ainda lutam por emancipação, dignidade, liberdade e direitos fundamentais. Mas também levou a inúteis matanças fratricidas, que no entanto não podem ser comparadas com as que acompanharam a revolução soviética de 1917, a qual levou à eliminação de setores inteiros da população, como os camponeses considerados ricos, refratários à coletivização forçada, ou os industriais, pequenos ou grandes, ou ainda muitos intelectuais e membros do clero. Ainda hoje, discute-se apaixonadamente sobre o número total de vítimas, estimado entre 20 e 100 milhões.

Em comparação, a Comuna de Paris de 1871 fica parecendo modesta. Com efeito, essa revolta popular contra um regime burguês que arrastara a França a aventuras militares tão sangrentas quanto estúpidas terminou na execução de 20 mil parisienses em uma só semana. Os culpados eram identificados pelos calos nas mãos, prova suficiente de que pertenciam à classe operária.

Tampouco podemos ignorar as guerras coloniais, manifestações de desatinos cínicos provocados pela avidez. O pretexto

---

[2] Amin Maalouf, *Les Croisades vues par les Arabes*, Paris, J.-C. Lattès, 1992.

hipócrita era levar a civilização a populações supostamente atrasadas. E não haveríamos de esquecer a escravidão em grande escala, na qual se destacaram negociantes tanto cristãos quanto muçulmanos.

A Primeira Guerra Mundial merece menção especial, pois ainda hoje sentimos suas conseqüências, quase um século depois. Os países entre os quais ela se deu eram quase todos de obediência cristã. Seus motivos imediatos foram incrivelmente fúteis, mas os dirigentes políticos garantiam que as hostilidades durariam apenas algumas semanas. Como sabemos, elas se prolongaram por quatro anos, causando, pela contagem oficial, dez milhões de mortes, para não falar do número muito maior de vítimas mutiladas ou arruinadas.

Comandantes militares que invariavelmente ostentavam uma religiosidade de fachada não hesitavam em lançar ofensivas inúteis, provocando até um milhão de mortes em poucas semanas, sem prestar contas em absoluto ou demonstrar o menor remorso. Os capelães que benziam os moribundos praticavam os mesmos ritos nos dois campos. Não surpreende, assim, que essa guerra tenha gerado tantos revoltados — e não estamos falando daqueles que, em ínfima quantidade, confraternizaram com o inimigo, mas dos milhões que perderam a confiança em seus chefes, usassem eles quepes ou sobrecasacas, e na sociedade em geral. Eles voltariam a ser vistos nas tropas vingadoras dos movimentos revolucionários saídos da guerra.

E houve ainda uma Segunda Guerra Mundial, continuação quase inevitável da primeira. A derrota final de Hitler foi uma bênção para a humanidade. Ele combatera em todas as frentes, guerra clássica mediante conquista de territórios e de fontes de riquezas, guerra política para implantar sua ideologia nos países vencidos, guerra contra o povo judeu por pura neurose. Mas pagou caro pela perda dos cientistas, exilados ou mortos, que reduziu sua capacidade de pesquisa, embora pouco tempo antes a Alemanha viesse liderando nesse terreno. Este *handicap* revelou-se decisivo — e voltamos aqui a encontrar o papel ambivalente da ciência, destruidor e redentor.

o destino dos judeus

No momento em que se verifica a grande mutação de que desejamos conscientizar a todos, ocorreu uma inédita acumulação de riquezas. O grande historiador Fernand Braudel deu-nos uma magistral descrição da civilização material, da economia e do capitalismo do século XV ao XVIII, no alvorecer da revolução industrial.

O mercado do dinheiro, a curto e a longo prazo, esteve no centro do crescimento econômico europeu. A letra de câmbio, inventada pelos comerciantes italianos no século XIV, foi o primeiro instrumento de crédito. Os capitalistas e usurários — fossem judeus, lombardos ou de Cahors, na França, ou ainda, na Baviera, por exemplo, dos conventos especializados em fazer empréstimos aos camponeses — formaram redes financeiras. Assim foi que os armênios ocuparam todo o espaço da Pérsia, atravessando o Himalaia e chegando a Lhassa. Desenvolveram uma rede comercial e financeira que se estendia por milhares de quilômetros, chegando às fronteiras da China.

E os próprios chineses não ficaram para trás. Sua diáspora em todo o Sudeste asiático permitiu-lhes controlar todo o comércio de mercadorias e dinheiro de Java ao Vietnã e até as Filipinas. As mesmas causas geravam os mesmos efeitos, e eles ganharam a mesma reputação que os armênios no Oriente Próximo e os judeus na Europa. Jacques Attali traçou um apanhado extremamente documentado das relações dos judeus com o dinheiro, de Moisés a nossos dias.[3]

Não havia muito mais que 150 mil judeus em toda a Europa do ano 1000. Apesar de pouco numerosos, eles se disseminaram por todo o continente, até a Moscóvia. Puderam assim formar as articulações indispensáveis ao comércio internacional. A rigor, os judeus eram em sua maioria pobres, fechados em seus guetos, dos quais só podiam sair em certas horas. Eram pequenos artesãos e comerciantes, adeleiros e vendedores ambulantes. Por mais pobres que fossem, contudo, tinham premência de constituir uma poupança líquida para comprar o direito à vida. Sua existência era constantemente contestada, eles tinham de pagar para ter direito de viver. Estabelecidos na qualidade de judeus pelas autoridades que os admitiam em seu território, eram quase sempre obrigados a emprestar dinheiro aos cristãos endividados. O contraste entre suas pobres condições de vida e suas disponibilidades monetárias, indispensáveis para a sobrevivência, é que alimentou os mitos anti-semitas.

A maioria das tensões atuais resulta da descolonização brutal, indiferente às conseqüências, que se seguiu à colonização. Não negaremos que esta foi um dos frutos perversos de uma superioridade devida essencialmente à exploração funesta da ciência. Um dos lugares mais ameaçadores na época atual — a antiga Palestina, atualmente Israel — resulta mais diretamente das seqüelas da Segunda Guerra Mundial.

Para começar, as estatísticas: cerca de 15 milhões de judeus viviam no planeta antes da guerra; o nazismo assassinou seis milhões deles nas câmaras de gás ou à bala. Foi depois dessa tentativa de extermínio que a idéia de um Estado judeu se impôs aos sobreviventes.

---

[3] Ver Jacques Attali, *Les Juifs, le monde et l'argent; histoire économique du peuple juif.*

Theodor Herzl fora o profeta desse Estado de Israel. Era o perfeito tipo do judeu vienense bem assimilado, até sua estada em Paris, como jornalista, para cobrir o caso Dreyfus, que estourou em 1895. Homens imbuídos de justiça se indignaram com a condenação a dez anos de cadeia de um homem cuja inocência não deixava a menor margem a dúvidas. Émile Zola, que condenara a decisão em seu célebre libelo *Eu acuso*, foi, por sua vez, condenado a um ano de prisão e três mil francos-ouro de multa.

Foi então que multidões excitadas desceram às ruas. Lojas judaicas foram saqueadas ou pilhadas. Escritores célebres como Maurice Barrès uivavam com os lobos: "O cérebro dos estrangeiros não é feito da mesma maneira que o nosso. [...] Baixemos um pouco a voz, fiquemos entre nós mesmos, quando tratamos das questões comuns de nossa raça" (*La Cocarde*, 23 de outubro de 1894). Ou então: "A raça semítica em tudo nos parece uma raça incompleta, por sua própria simplicidade. Ela está para a família indo-européia, se assim posso me expressar, como os esboços para a pintura, como o cantochão para a música moderna" (*Mes Cahiers*, p. 120). Testemunha dessas desordens, Herzl perdeu sua fé na possibilidade de uma assimilação verdadeira dos judeus na sociedade, mesmo num país tão democrático e civilizado quanto a França. Foi então que decidiu lutar pela criação de um Estado judaico que recebesse uma grande parte desse povo na Palestina.

Com o tempo, o sionismo foi aos poucos ganhando repercussão suficiente para tornar-se uma força política. Quando chegou ao fim a Segunda Guerra Mundial, ante o horror do massacre de seis milhões de judeus, a maioria dos países europeus e a União Soviética aceitaram o projeto de criação de um Estado de Israel. Alguns desses países viram-se então quase inteiramente esvaziados dos raros judeus que sobreviveram, tornando-se *Judenfrei* e, com isso, realizando de modo paradoxal o sonho de Hitler. Do mundo inteiro, milhões de judeus acorreram para Israel, entre eles um milhão provenientes dos países árabes.

Assim nascia o Estado de Israel, contra ventos e marés. Ele sobreviveu, e nada tinha a invejar às velhas democracias na qualidade de suas instituições, e nele a atividade em muitos terrenos era notável e às vezes admirável. Mas havia uma sombra neste belo quadro: a injustiça inicial em relação aos anteriores habitantes, que haviam sido espoliados. Os israelenses chamam a atenção para o fato de que esses árabes recusaram-se a aderir a um plano de partilha proposto pela ONU, mas é evidente que os palestinos não tinham a menor responsabilidade no massacre dos judeus europeus, e que nem por isso deixaram de pagar um preço alto, perdendo sua pátria.

Havia precedentes. Na mesma época, o presidente da Tchecoslováquia, Edvard Benes, expropriara por decreto e expulsara em condições não raro terríveis três milhões de pessoas das antigas minorias alemãs e húngaras de seu país, acusadas de colaboração anteriormente com os nazistas. No entanto, ninguém, nem mesmo entre os sudetos, pensou numa solução militar, pois as populações exiladas foram integradas em sociedades democráticas. Não foi o caso dos palestinos, que chegaram inclusive a ser massacrados às dezenas de milhares na Jordânia e no Líbano, quando quiseram dominar os países onde se haviam refugiado.

Muitos tornaram-se párias, confinados em acampamentos nas fronteiras de Israel, condenados a vegetar pela indiferença de uma comunidade internacional que lhes fornecia apenas o mínimo indispensável para sobreviver biologicamente. Foi aí que se formaram bolsões de miséria e desespero, terreno fértil de todas as frustrações, sociais, políticas, religiosas, ideológicas.

Neles, existe naturalmente a queixa da espoliação do território, que só se acredita passível de recuperação pelas armas, o que poderíamos chamar de "síndrome da Alsácia-Lorena". Não foi esta, acaso, uma das causas da Primeira Guerra Mundial? Quantos políticos franceses teriam então admitido que uma guerra seria um preço alto demais a pagar por essas terras perdidas? Quantos teriam imaginado que o problema estivesse um dia resolvido numa Europa pacificada? Infelizmente, os povos não têm essa paciência de visionário.

A busca de aliados nessa luta, também eles árabes, mas concorrentes, levou à proliferação de grupos autônomos, generosamente financiados pelos governos da região, mas que não passam de peões em confrontos de que não têm controle.

Esta tragédia talvez contenha uma lição. Enquanto a Europa parece sair de suas inúmeras guerras, temos aqui um lugar (que não é o único), a antiga Palestina, onde a memória de provações recentes se choca com tradições milenares. A história lembra o que ela também é: um conservatório de ódio pelos que descendem dos inimigos de outrora, um museu de glórias desbotadas, um receptáculo de sombras. Será então necessário superar também a história para dar lugar à mutação? De qualquer maneira, será preciso não insuflar a memória para justificar conflitos intermináveis e deter o pêndulo que, há milênios, vem legitimando, entre guerras perdidas e guerras vencidas, toda essa série sem-fim de guerras.

uma teoria das escolhas coletivas

Todo mundo é contra a guerra, à exceção talvez dos militares e certamente dos vendedores de canhões. Como se dá, então, que a opinião pública nunca tenha sido capaz de impedi-la? Aí se resume todo o problema das escolhas coletivas, um terreno em que as matemáticas permitem analisar situações, prever certos desdobramentos e chegar a conclusões que não estariam ao alcance do simples bom senso.

Esta capacidade de análise precoce foi posta em prática por teóricos como Borda e Condorcet, às vésperas da Revolução Francesa. Assim foi que se pôde observar, em sociologia política, certas incoerências do voto democrático: com efeito, pode acontecer que, pela regra da maioria, *A* leve a melhor sobre *B*, *B* sobre *C* e *C* sobre *A*, se *A*, *B* e *C* são opções, pessoas ou partidos que só podem defrontar-se dois a dois. Desse modo, nada podemos concluir de definitivo com base nos resultados de certas votações. Existem alguns outros "teoremas de impossibilidade" da mesma espécie, e disso as eleições presidenciais de 2002 na França provavelmente fornecem uma ilustração.

Os erros a que pode conduzir o bom senso quando entregue a si mesmo surgiram plenamente à luz do dia em 1950, com o célebre "teorema de impossibilidade" de Kenneth Arrow. Ele é tão importante que, para melhor explicá-lo, imaginamos como Sócrates o teria descrito numa rua de Atenas para um interlocutor ocasional, chamado Hippon, por exemplo. Eis o diálogo que então teríamos ouvido:

Sócrates: Você não acha, Hippon, que muitas coisas andariam melhor se pudéssemos melhorar a situação financeira de todos os homens?

Hippon: Sem dúvida alguma, Sócrates, e todo mundo ficaria feliz.

Sócrates: Não poderíamos dizer que é este um dos grandes objetivos da democracia: que todos possam aproveitar-se dela?

Hippon: Eu diria mesmo que se trata de uma condição absoluta.

Sócrates: Pois bem! Aceitemos então que se trata de uma condição, Hippon. Quero crer que você não gostaria que isso acontecesse num regime ditatorial.

Hippon: Em hipótese alguma, nem é preciso dizer. Eu diria mesmo que consideraria esta uma outra condição.

Sócrates: Vou fazer-lhe agora uma pergunta menos óbvia. Quando diversas alternativas são apresentadas para que os cidadãos votem, podemos dizer-lhes: escolham esta ou aquela. Cada uma delas é um pacote a ser completamente aceito ou recusado. Também se pode permitir que cada pessoa escolha um pouquinho disso em determinada opção, um pouco daquilo em outra, fazendo sua própria mistura.

Hippon: Se bem o entendi, você está dizendo que é mais ou menos como no restaurante, onde podemos escolher entre vários cardápios ou então compor a refeição *à la carte*?

Sócrates: Exatamente. Sendo assim, você não acha que a solução do cardápio é preferível, ou seja, que as opções apresentadas ao sufrágio devem ser claramente distintas?

Hippon: Suponho que é impossível decidir legitimamente sem entrar em complicações infinitas, a não ser que se aceite sua condição, Sócrates. Quero adotá-la.

Sócrates: Deixe-me então acrescentar mais uma condição. Pediremos aos cidadãos que tenham uma opinião claramente definida. Se forem apresentadas, por exemplo, três alternativas, *A*, *B* e *C*, cada eleitor terá de estabelecer sua ordem de preferência sem margem para dúvida. Terá de escolher, por exemplo, a opção *A* de preferência a *B*, *B* de preferência a *C* etc.

Hippon: Se bem entendi, você quer que cada um tenha idéias claras e definitivas. Talvez seja pedir demais à inteligência dos homens, mas afinal este pode ser considerado, de certa forma, o ideal de uma sociedade democrática. De modo que aceito sua condição. Haveria ainda outras?

Sócrates: Nenhuma!

Hippon: Neste caso, estou ardendo de impaciência. Diga-me como você vai fazer para melhorar a condição de cada um, seja quem for. De minha parte, confesso que já tenho uma idéia sobre o que faria com algumas dracmas a mais. Então não me faça esperar.

Sócrates: Quero ainda saber, Hippon, se você considera que as quatro condições de que falamos são absolutamente razoáveis.

Hippon: Razoáveis? De minha parte, considero-as óbvias, inevitáveis, incontornáveis, ou simplesmente que são a própria expressão do bom senso.

Sócrates: Pois bem, caro Hippon, lamento informar que é impossível satisfazer as quatro ao mesmo tempo.

Hippon: Você está brincando comigo. Está querendo me engrupir, velho filósofo maroto.

Sócrates: Infelizmente, não. É rigorosamente impossível melhorar o que quer que seja (nossa primeira condição) quando acrescentamos as três outras condições. Totalmente impossível, nada a fazer. Trata-se de um teorema matemático descoberto por um certo Kenneth Arrow.

Hippon: Por Hermes, como detesto os matemáticos! Kenneth, cruel Kenneth, Kenneth Arrow, será possível que me vais fazer duvidar dos frutos do meu próprio cérebro?[4]

Sócrates: Não, Hippon. Isto quer dizer apenas que devemos refletir mais.

O teorema de Arrow sacudiu o mundo dos economistas e dos sociólogos. Queria dizer que a razão não tem lugar num mundo democrático? A questão chegou a ser levantada seriamente. Felizmente, importantes trabalhos de Amartya Sen e outros pesquisa-

---

[4] Como bom literato que é, Hippon visivelmente tem em mente dois versos do *Cemitério marinho*, de Paul Valéry ("Zênon, cruel Zênon, Zênon de Elea / Acaso me furaste com esta flecha alada?"), sendo Zênon de Elea o primeiro dos pensadores que revelaram as armadilhas do senso comum, recorrendo ao exemplo de uma flecha incapaz de alcançar o alvo. A palavra *arrow* significa justamente "flecha" em inglês.

dores demonstraram que existe uma saída, desde que, na análise das decisões coletivas, sejam levadas em conta as preferências interpessoais dos indivíduos e dos grupos, e não apenas suas preferências pessoais.[5] Achava-se até então que era impossível, incompatível com uma análise coerente e rigorosa, que parecia exigir uma análise atômica. Sen demonstrou que, pelo contrário, é possível jogar também com os dados interpessoais, as relações entre grupos e seus interesses complementares, e isto de forma objetiva. O valor teórico do método traduz-se na existência de "teoremas de possibilidade", em direta oposição aos anteriores teoremas de impossibilidade.

A título de exemplo, e de forma grosseira, digamos que, para tanto, é preciso abandonar a condição do tudo ou nada, os pacotes, os cardápios prontinhos, aceitando misturar as propostas, o que pode ser feito por mútuo entendimento. Também é preciso rejeitar a quarta condição de Arrow, reconhecendo que as preferências evoluem por meio da negociação. Pode parecer simples demais, mas significa que, *em princípio,* o entendimento mútuo e a negociação podem evitar impasses incontornáveis. Não se trata apenas de bom senso, mas de uma verdadeira revolução teórica.

Isto quer dizer que o antigo método, em que cada qual se julga na posse de uma verdade absoluta, tentando impô-la por todos os meios, pela força ou pela manipulação, não passa de uma visão neolítica que não poderá sobreviver à grande mutação. Permanece, naturalmente, o risco de que ele acabe levando ao caos: já não seria então a constatação de uma impossibilidade, mas a prova, pelo absurdo, da loucura humana.

---

[5] Valemo-nos aqui da conferência proferida por Amartya Sen ao receber o Prêmio Nobel de economia em 1998 (ela pode ser obtida na Internet, no endereço www.nobel.se).

Isto quer dizer também que a antiga polêmica em torno das ciências humanas não tem sentido. Qual a importância de conferir-lhes ou não o nome de ciência, tal como as que colhem leis na natureza? O importante é provavelmente que as ciências da *decisão* sejam rigorosas.

Assim é que um novo campo parece abrir-se à pesquisa, perfilando-se — o que é, naturalmente, mais importante — novas práticas. A nova teoria da "escolha social" tem como método pesquisar quais os princípios, quais os axiomas que permitem descobrir soluções ideais para os problemas da sociedade, limitando as condições que gostaríamos de impor antes que cheguem ao limiar da impossibilidade. Trata-se de um empreendimento puramente teórico, mas a escolha final só pode vir "do povo, pelo povo e para o povo", segundo a bela formulação de Condorcet. Os teóricos têm apenas a função de dizer o que é e o que não é possível, eventualmente descobrindo quais as escolhas que se apresentam, mas não lhes cabe interferir nas decisões políticas: esta já é outra questão, que pertence a todos.

Devemos registrar que notáveis trabalhos já foram realizados nesse sentido, para avaliar, mensurar as desigualdades sociais, a pobreza, a distribuição da renda nacional, o respeito ao meio ambiente e a desigualdade entre os sexos.[6] Estes exemplos freqüentemente levaram os meios de comunicação a afirmar, quando o Prêmio Nobel foi atribuído a Sen, que estavam sendo recompensados trabalhos sobre os países subdesenvolvidos. Trata-se, na realidade, de *teoria* e, mais ainda, de uma teoria *matemática*, vale dizer, de uma forma de pensamento tão poderosa quanto exigente, que pode ser posta a serviço do povo para que ele *decida* com toda lucidez.

---

[6] Ver as referências na conferência de Sen mencionada na página anterior.

Pois os problemas são imensos. Já hoje está evidente que adquirem amplitude mundial. A dominação esmagadora, tanto econômica quanto militar, de um único país, os Estados Unidos, não conteria um teorema de impossibilidade precursor de crises inevitáveis? Seria interessante que a teoria pudesse nos esclarecer a este respeito. Quais as formas de organização internacional e sobretudo quais as regras para a tomada de decisões que podem harmonizar os interesses das potências emergentes, como a Índia e a China, de uma Europa cujo poderio vem aumentando e ainda de outras nações, sem esquecer os que foram relegados no crescimento?

Não pretendemos aqui dizer o que deve ser feito, apenas frisar que os problemas são profundos, difíceis, e que devem ser abordados com a mesma lucidez, o mesmo desapego e o mesmo grau de exigência que um problema natural. Assim, talvez possamos esperar que a mutação, que também é uma mutação do pensamento, venha um dia a acabar com o caos, levando à harmonia entre os homens. Podemos esperar, mas, como dizia nosso Sócrates, ainda é preciso pensar muito.

Capítulo 13

O TERROR

As armas nucleares

As velhas armas nucleares continuam representando uma ameaça sobre nossas cabeças, apesar de uma considerável redução dos arsenais desde o fim da guerra fria e não obstante os acordos russo-americanos. Seu colossal poder de fogo mexe com a imaginação dos terroristas, sendo para eles a mais fascinante das tentações. Naturalmente, não seria possível fabricá-las, como na canção de Boris Vian, mas será que realmente é impossível obtê-las?

Desde 1945, os mais diversos tipos de armas nucleares têm sido construídos. Cada um deles atendia às exigências dos estrategistas ou às necessidades de determinado setor das forças armadas — ar, terra, mar —, nenhum dos quais admitia ver reduzida sua própria influência. Isto praticamente não lhes custava nada. Nos Estados Unidos, com efeito, os compradores — ou seja, os militares — não pagam pelas armas nucleares. Pagam pelos aviões, pelos tanques, pelas ogivas das bombas, mas, quando estas são dotadas de explosivos nucleares, o Departamento de Energia fornece-as gratuitamente, em acordo com as comissões competentes do Congresso.

As finalidades de utilização dessas armas evoluíram muito. Na França, por exemplo, os estrategistas preconizavam a "dissuasão do fraco frente ao forte", sendo o forte a União Soviética, cujo gigantesco exército parecia indicar ambições expansionistas na Europa. Esta continua sendo, aparentemente, a doutrina do Paquistão, da Índia e da China, certamente até que qualquer um deles (adivinhe qual) possa ser considerado forte.

Nos dois grandes rivais, os Estados Unidos e a URSS, a enorme possibilidade de escolha corporificada nos arsenais, assim como as necessidades concorrentes expressas pelos clientes, fizeram com que as cidades, os centros industriais e afinal todos os objetivos importantes ou secundários designados pelos especialistas tenham sido constituídos em alvos de variados tipos de bombas, transportadas por foguetes cada vez mais precisos. Em seguida, tratou-se de visar às armas do adversário com ataques preventivos capazes de desarmá-lo e de paralisar sua força ofensiva. Naturalmente, o objetivo declarado era preservar a segurança internacional ou garantir a sobrevivência da nação. Essa ameaça de destruição das forças nucleares do adversário, antes que pudessem ser acionadas ou atingissem o objetivo, levou a uma monstruosa inflação, que já não parece corresponder a uma estratégia racional.

Mesmo sem falar da proliferação das armas nucleares (quantos países sonham ter bíceps de plutônio?), há cinqüenta anos a situação chega às raias da loucura. Que fazer? Para começo de conversa, provavelmente enxergar as coisas com clareza. Frente aos especialistas, cujos trabalhos são mantidos em segredo — ou seja, inacessíveis — e cujos pressupostos não são conhecidos, é preciso pelo menos que a questão seja abordada sob a égide da razão. Eis uma questão que, é evidente, exige que recorramos aos métodos da escolha social de que falávamos há pouco.

Quais axiomas, ou seja, quais princípios de uma moral das nações podem ser imaginados no caso? Onde estão os "teoremas de impossibilidade", que podemos supor numerosos? Só a ONU poderia promover um tal levantamento. Só ela seria capaz de extrair daí um consenso, se pelo menos não tivesse as mãos atadas...

Certos países, os que costumam ser chamados de "párias", representam um outro perigo. Não têm necessidade de reproduzir os modelos de armas otimizadas adotados pelas grandes potências, pois não precisam de arsenais estocados. Uma única bomba bem colocada pode causar estragos incomensuráveis. Por essa razão, devemos tomar cuidado com programas de energia nuclear aparentemente pacíficos. Centrífugas capazes de enriquecer o urânio natural, transformando-o em urânio 235, permitem fabricar bombas como a de Hiroshima, sem necessidade de construir reatores nucleares. Com certa paciência, a produção de plutônio por reatores de pesquisa de baixa potência também permite acumular em alguns anos uma quantidade suficiente de explosivos para a fabricação de algumas bombas.

Mas estávamos falando de terrorismo. Neste caso, temos de levar em consideração os depósitos de combustível e as bombas de diferentes categorias estocados pelas potências nucleares. Seus sistemas de proteção podem ser permeáveis ao colossal dinheiro disponível à corrupção. Uma vasta literatura tem sido dedicada a essas questões.[1]

Outra forma de terrorismo é a que se baseia em armas simples e de fácil transporte. Assim, é possível provocar câncer dispersando fontes radioativas intensas, na forma de pequenas partículas de matéria de alguns micrômetros que se alojam nos pulmões. Estima-se que uma arma que utilizasse um quilo de plu-

---

[1] Ver por exemplo G. Charpak e R. L. Garwin, *Feux follets et Champignons nucléaires*, Paris, Odile Jacob, 1997.

tônio, o equivalente a aproximadamente um terço do que é necessário para fabricar uma bomba, dispersada numa cidade como Munique através de explosivos químicos poderosos, levaria rapidamente a 120 casos mortais de câncer. Não é militarmente "rentável", mas poderia ser socialmente aterrador. Câncer mais bomba nuclear: mais assustador, impossível. Por mais que se calcule, por exemplo, que os efeitos da radiação do urânio empobrecido utilizado em obuses antitanque não teriam para os soldados e a população conseqüências mais graves que as do consumo de um cigarro por mês, nem por isso a psicose deixa de se manifestar.[2]

Jogar com tais psicoses é fácil, e meios para produzi-las é que não faltam, sejam por sinal químicos ou nucleares. Os efeitos econômicos colaterais são potencialmente enormes, se conseguirem, por exemplo, tornar psicologicamente inabitável o centro de uma grande cidade.

o bioterrorismo

A epidemia de pneumonia atípica, ou pneumopatia, soou o alarme em todo o mundo no inverno de 2002-2003. Embora se deva provavelmente a uma mutação acidental, ela serve para nos lembrar como seria fácil disseminar um vírus especialmente escolhido e aperfeiçoado. Cabe lembrar, a esse respeito, que a gripe espanhola fez 20 milhões de vítimas depois da Primeira Guerra Mundial. A epidemia de peste negra que teve início em Marselha em 1348 percorreu toda a Europa, matando entre um terço e um oitavo da população, de acordo com a região. A mortalidade che-

[2] Cabe observar, entretanto, que ainda não são bem conhecidos os efeitos *químicos* da absorção de urânio pelos pulmões.

gou a 70 por cento em Bremen e entre 50 e 60 por cento em Hamburgo. Naturalmente, as condições de higiene e saúde mudaram, mas essas estatísticas não deixam de provocar calafrios.

Em escala bem menor, a utilização de armas dessa natureza poderia tornar praticamente impossível todo deslocamento no planeta. Os habitantes dos bairros de luxo não estariam em muito melhor situação que os sem-teto, e talvez acabássemos vendo os imigrantes clandestinos, suspeitos de serem portadores do vírus, abatidos a tiros em alguma fronteira. Que terrorista não terá sonhado com isso, se pelo menos os vírus respeitassem, justamente, as fronteiras.

Depois da Segunda Guerra Mundial, as grandes potências desenvolveram um arsenal de armas biológicas. Estas armas eram proibidas pelas convenções internacionais firmadas por todas as grandes potências antagonistas, mas o pretexto, naturalmente, era que nada provava que o adversário não as estivesse fabricando secretamente. Bilhões de dólares foram investidos: parece inacreditável que as potências já dotadas de um arsenal nuclear superabundante tenham desperdiçado essas riquezas, embora seu poder dissuasório lhes permitisse desprezar as ameaças de intimidação e chantagem decorrentes das armas biológicas e químicas.

Existem dois tipos de armas biológicas, um que age por infecção do inimigo diretamente atingido e outro que age por contágio. Uma doença como o antraz infecta o alvo mas não se propaga de uma vítima a outra.

Na arma contagiosa, é o índice de propagação na população que desempenha o papel principal. Se cada vítima infecta mais três, deduz-se de um cálculo simples que a velocidade de propagação pode tornar-se fenomenal, podendo uma contaminação inicial de 100 mil vítimas levar a dezenas de milhões de outras. Calculou-se, por exemplo, que, acarretando a varíola uma taxa de mortalidade de 30 por cento nas pessoas atingidas, morreriam cerca de 30 milhões de americanos.

A arma do antraz foi produzida nos Estados Unidos e em alguns outros países, até que o presidente Nixon determinasse em 1969 a suspensão de todas as atividades com armas bacteriológicas, proibindo o desenvolvimento, a estocagem e o uso dessas armas. Elas são proibidas por uma convenção assinada em 1972 por 145 países, mas, ainda assim, naturalmente, permanece intacta a ameaça dos grupos ou países terroristas.

O temível interesse do antraz para a guerra bacteriológica reside no fato de que a bactéria é contida num esporo extremamente estável, não só no interior do corpo humano, como também no ambiente. Em condições favoráveis, a bactéria pode manifestar-se e se multiplicar com grande rapidez no hospedeiro que tenha tido o azar de encontrá-la. As cinco mortes causadas pelas cartas contaminadas nos Estados Unidos (atribuíveis provavelmente a um terrorista isolado) tiveram conseqüências inesperadas.

Os esporos podem residir durante semanas ou meses no hospedeiro que as recebeu antes de germinar, e isto mesmo em presença de antibióticos, que não surtem efeito algum sobre elas. Quando são suspensos os antibióticos ministrados por precaução a uma pessoa portadora de esporos mas em boa saúde, uma infecção mortal pode desenvolver-se em poucos dias, se não for imediatamente tratada.

Naturalmente, foram concebidas medidas preventivas. Assim, uma publicação do exército americano revela o número de agentes infecciosos capazes de provocar doenças mortais que foram desenvolvidos pelos Estados Unidos e outros países. Se os habitantes do planeta fossem imunizados contra esses agentes com vacinação adequada, o perigo seria reduzido. No caso da varíola, cuja vacinação foi suspensa em 1972, achou-se em 1980 que a doença efetivamente desaparecera da superfície da Terra, por falta de doentes (sendo de dez anos a duração da imunidade numa população bem vacinada).

Mas foram preservados troncos de varíola em certos laboratórios sob controle militar, e seria fácil reiniciar sua multiplicação. Pode-se imaginar que os Estados Unidos e o mundo inteiro devam agora produzir prioritariamente vacinas contra todos os agentes que possam ser explorados como armas biológicas. Mas o esforço se justifica, pois cabe duvidar que este futuro possa ser evitado, a menos que sobrevenham grandes mudanças.

que fazer contra o terrorismo?

Os estrategistas militares elaboraram todas as hipóteses imagináveis de ataques terroristas, com suas respectivas ações de dissuasão e defesa. Lembremos que seus antecessores da época da guerra fria também haviam imaginado os mesmos esquemas para fazer frente preventivamente a toda superioridade, mesmo momentânea, de um dos campos sobre o outro. Foi esta intensa atividade intelectual que levou os Estados Unidos a se dotar de 35 mil ogivas nucleares, cada uma delas com potência sete vezes superior à que destruiu Hiroshima, enquanto os soviéticos dispunham de 45 mil, o que lhes permitiria fundir sete vezes a superfície de todos os lugares habitados do globo.

O esgotamento dos alvos razoáveis levara os americanos, inclusive, a programar um foguete destinado à casa de campo da amante do adjunto de um importante chefe de estado-maior. A famosa observação de Clemenceau nunca terá parecido tão verdadeira: "A guerra é uma coisa séria demais para ser entregue aos militares", à qual deveríamos acrescentar: "E a cientistas livres de todo controle." Com efeito, os especialistas eram recrutados numa fechada comunidade de cientistas que tinham conseguido convencer os militares com suas simulações sofisticadas em computadores cada vez mais poderosos. Infelizmente, um computador não tem espírito crítico, e, partindo de hipóteses equivocadas, só pode produzir resultados equivocados — ou esplêndidas asnices coloridas para ilustrar previsões absurdas.

Esses mesmos jogos estratégicos agitam atualmente os círculos especializados. Constata-se neles que é praticamente impossível impedir um candidato ao suicídio de destruir um grande avião comercial de transporte. Basta-lhe ostentar a ligeira obesidade tão freqüente em nossa sociedade e transportar no corpo 10 kg de explosivos impossíveis de detectar, passando furtivamente pelo dispositivo de segurança que detecta apenas metais e tomando o cuidado de não trazer consigo nenhuma moeda.

Identificando ao acaso alguns dos recursos de defesa propostos contra o terrorismo, podemos contemplar as seguintes iniciativas.

Na cabine blindada de um avião, o piloto, ele próprio um terrorista pretendendo jogar-se contra um prédio importante, mata o co-piloto e investe contra o alvo; dispõe então de meia hora de total tranqüilidade. Em tão breve lapso de tempo, e estando-se em dúvida, é difícil mobilizar aviões de caça para abater o avião suspeito. A melhor solução consistiria em aperfeiçoar a detecção de todo desvio de um avião em relação a seu itinerário.

Os objetivos de muita importância, como a Casa Branca ou algum centro nuclear, poderiam ser protegidos por mísseis de curto alcance, de reação quase instantânea. A medida poderia ser estendida a outros objetivos importantes, mas a quantidade dessas armas é por demais limitada para cobrir todos os alvos tentadores.

Os especialistas imaginam hipóteses para deter grandes caminhões de combustível, desviados, por exemplo, por piratas armados quando estacionados para abastecimento. Esses caminhões constituem uma enorme carga explosiva, que pode ser lançada a toda velocidade contra um prédio a ser destruído. Os estrategistas preconizam, assim, que todos esses caminhões sejam dotados de um dispositivo de interrupção, capaz de cortar instantaneamente os condutores de alimentação dos freios. A localização de cada caminhão seria permanentemente controlada por um sistema GPS (ligado a um satélite geoestacionário de posicionamento). [O que acabaria com as discretas paradas amorosas que às vezes amenizam, na entrada das cidades, a dura vida dos motoristas!] Naturalmente, seria obrigatória a verificação das impressões digitais por rádio, antes da partida de cada caminhão, como acontece com os aviões. Cabe notar que o custo de um dispositivo de identificação de impressões digitais é estimado em 200 euros pelos especialistas, graças ao progresso. Note-se também que, quando um motorista cai doente na estrada, o veículo é imobilizado até a chegada de outro profissional com digitais aceitáveis. Não faltarão mais a Hollywood roteiros para filmes-catástrofe.

Essa breve enumeração já mostra suficientemente, em nossa opinião, que as falhas são inevitáveis. Uma sociedade que atinge o nosso grau de desenvolvimento é terrivelmente vulnerável quando uma parte de seus habitantes está em guerra total com a outra, ainda que represente uma pequena minoria. Ela também terá acesso, com efeito, a todos os recursos perversos dos *gadgets* da tecnologia, e os alvos são incontáveis (por exemplo, 60 mil pontes suspensas nos Estados Unidos).

A vulnerabilidade dos invulneráveis

As lendas de outros tempos estão cheias de heróis invulneráveis, mas Aquiles tinha o seu calcanhar, uma folha de faia deixou um ponto perecível no ombro de Siegfried e Antéia não conseguiu tirar os pés do solo. Depois do período de confronto entre os Estados Unidos e a URSS, durante o qual foram desenvolvidos os meios mais maciços de destruição, entramos numa fase em que a ambição do país mais poderoso, os Estados Unidos, é não sofrer perda alguma numa guerra. Mais uma vez, o mito da invulnerabilidade.

Este sonho foi aparentemente realizado graças à precisão cirúrgica das armas e também ao fabuloso poderio que pode ser mobilizado face a um inimigo insuficientemente equipado. Uma segunda etapa, atualmente em estudo, visa a dotar os exércitos de armas não-letais (não-mortais):[3] utilizadas em caráter maciço, elas permitiriam imobilizar momentaneamente as multidões de não-combatentes que às vezes podem servir de escudo humano a certos inimigos. Granadas que projetam centenas de bilhas em todas as direções causariam muitos danos sem matar, pregos com quatro pontas furariam os pneus dos veículos civis, redes ou espumas que se polimerizam e rapidamente se tornam extremamente duras inutilizariam portas e paralisariam máquinas, insuportáveis bolas fedorentas provocariam fuga imediata. Armas acústicas infra-sônicas, direcionadas e extremamente poderosas, causariam enjôo e vômito, ondas de rádio muito intensas e dirigidas paralisariam os veículos, inutilizando a eletrônica de comando dos motores etc.

Até o ano 2000, as despesas de pesquisas sobre armas não-mortais não passavam de algumas dezenas de milhões de euros por ano, mas podemos esperar que elas se desenvolvam aceleradamente, por razões políticas e diplomáticas.

É possível que tudo esteja mudando no momento em que escrevemos. Além das armas superpoderosas, outras ainda,

---

[3] Ref. "Non-lethal technologies: progress and prospects", *Report of an independant task force*, patrocinado pelo Conselho de Relações Exteriores, R. L. Garvin, presidente / W. M. Winfield, diretor de projeto.

astuciosas ou perversas, fazem do próprio homem a arma mais temível. A segunda guerra do Iraque revelou que é possível ganhar uma guerra com facilidade sem ganhar também o pós-guerra. Neste, é possível perder mais homens, quando o campo de batalha se desloca para cidades onde grassa o terrorismo.

Gengis Khan não enfrentava esses problemas; quando tomava uma cidade, bastava-lhe massacrar todos os habitantes. Tamerlão construía "minaretes" de cabeças cortadas (70 mil cabeças em Isfahan, segundo os historiadores).[4] Vlad, o voivoda da Transilvânia que inspirou a lenda de Drácula, crucificou 20 mil turcos e búlgaros num vale de seu país no século XV. Seria fácil hoje em dia fazer ainda pior, se se quisesse, mas não se pode querer.

Um estranho círculo vicioso está sendo criado. Um país de poderio sem paralelo na história cria armas às quais nenhum país é capaz de fazer frente. Busca, assim, a invulnerabilidade, ou seja, o exército de heróis abençoado pelo céu, dos quais não perecerá quase nenhum. E como este respeito pela vida dos seus não pode ser acompanhado por um total desprezo pela dos outros, ele entreabre a fenda vulnerável de sua armadura. O terrorismo atinge um por um, pacientemente, matando os homens e o mito, seguro de sua força, pois a arma mais temível passou a ser o homem, que joga sua vida na balança da história.

[4] Jean-Paul Roux, *Tamerlan*, Paris, Fayard, 1991, pp. 208 e seguintes.

Capítulo 14

UMA EDUCAÇÃO PARA A PAZ

"Que fazer?", perguntarão. A complexidade e a desordem do mundo atual não autorizam uma resposta simples; tudo se mistura, desejos, temores, aspirações e ódios se entrechocam, e ninguém pode afirmar: "Eu sei." Os sábios que professam que a paz deve vir de cada ser humano, reconciliado consigo mesmo e aberto aos outros, lúcido, certamente têm razão. Lúcido quer dizer que cada um busca e trabalha de olhos abertos, onde quer que possa ser útil e servir à humanidade. A chave dos grandes problemas talvez seja simplesmente uma vontade comum de dissolvê-los, mais que resolvê-los, assim como as moléculas de água, incontáveis, desgastam a pedra. Desse modo, tudo diz respeito a todos, e a única chave universal encontra-se no homem, vivendo sua própria humanidade.

Que podemos dizer, como físicos que somos? A maior parte dos grandes problemas de um mundo em mutação supera em muito nossas reduzidas capacidades. Como poderíamos apreendê-los? Seria necessário fundar um equilíbrio do planeta Terra, uma moral do poder, um direito de viver de maneira humana e provavelmente repensar a ONU como um governo superior. Sepultar a guerra na noite Neolítica, e que nunca mais o conhecimento gere armas atrozes. Como fazer para que a economia não seja mais submetida ao interesse do mais forte, passando ao serviço do homem, da solidariedade planetária? A globalização está aí, inevitável, mas como repensá-la para que acabe com os bolsões insondáveis de miséria e ódio? Como transcender a história? Não seria necessário, igualmente, que as diferentes formas de religião se depurem, em nome do amor dos homens e do respeito daquilo que não entendem, infinitamente?

Que poderíamos dizer de tudo isto, desse tempo do Homem III que não chega e cujo advento deve se dar em cada um? Nossa experiência talvez contenha uma lição. Nossa profissão deu-nos a extraordinária oportunidade de lançar um olhar pelo palácio das leis, e pudemos ver que a experiência trouxe suas pedras do fundo da matéria. É bem verdade que elas foram reunidas pelo pensamento, mas era necessário que houvesse antes a experiência, e isto há quatro séculos ou mais. Mais? Muito mais, como vemos quando consultamos a história. Como teriam os homens dominado o fogo, domesticado as plantas ou inventado ferramentas, construído abrigos e catedrais, não fosse por meio de tentativas, de experiências?

Jean Piaget observou o comportamento das crianças desde a mais tenra idade, e constatou que elas *experimentam*. A criança descobre que os objetos existem fora dela, que caem, que têm uma cor, uma substância; ela observa um número incalculável de coisas e fatos. Seu cérebro precisa disso, é assim que se forma o seu espírito.

Outra lição que nossa profissão nos ensinou é a gênese dos conceitos, não mais na criança, como observou Piaget, mas na história da ciência. Pudemos assim constatar que um conceito será tanto mais rico e significativo quanto maior seja o tempo necessário para que a humanidade o extraia da ganga das coisas.

Assim, o comportamento instintivo de experimentação pertence de forma essencial à espécie humana: o homem é um animal que experimenta. Já o conceito de experiência, ou seja, a consciência clara da experimentação como fonte de verdade, data de quatro séculos, vale dizer, ao início da grande mutação, ao começo da época moderna. Além disso, a experiência não comporta qualquer ideologia. É para esta perspectiva que gostaríamos de nos voltar.

A plasticidade dos cérebros infantis

Nenhuma outra espécie tem uma infância tão longa quanto a nossa. O cérebro do recém-nascido apresenta um número muito maior de interconexões neuronais que o do adulto; para ele, tudo é possível, o melhor como o pior. A educação é uma arte, e não uma ciência. Como muitas outras artes, ela tem suas formas primitivas, clássicas ou abstratas.

As formas mais primitivas não são necessariamente as das civilizações mais toscas, e sim aquelas em que a educação foi pensada para alcançar um objetivo diferente do interesse da criança: um objetivo social. Estamos pensando, por exemplo, na juventude hitlerista ou nas crianças que vociferam slogans de ódio no pátio da escola, perfiladas como soldados. Vemos pela televisão, com o coração apertado, crianças recitando versículos intermináveis e se balançando como autistas, enquanto as palavras vão sendo cravadas nelas, exatamente onde poderia estar entrando a beleza do mundo.

Existe o estilo abstrato, muito raro, o dos superdotados voltados para a música ou as matemáticas e cujas inclinações são estimuladas. Existe a educação clássica, igualmente voltada para os textos, mas na qual o objetivo é compreendê-los, e não deixar-se subjugar por eles. A educação impressionista, muito disseminada atualmente, permite que a criança vá juntando tudo que encontra. De nossa parte, somos favoráveis à educação figurativa, aquela em que o essencial está no objeto e na qual o *savoir-faire* da criança se molda ao que existe, e não ao que se convencionou pensar a respeito, ou antes acreditar a respeito.

Nenhuma questão social é mais essencial que a da educação. Ela é tema de discussões sem fim, e não sem motivo. Na Europa, manifesta-se a preocupação com a reprodução das elites, com a ascensão dos comunitarismos, por meio da recusa dos valores da sociedade ambiente. Microssociedades de adolescentes geram seus próprios e incertos valores. Pais se eximem, sem saber a que se agarrar: é tão difícil quando tudo muda cada vez mais rapidamente, sem que possamos apreender o sentido dessa mudança. Nos guetos das sociedades mais ricas, a criança aprende a rejeição e o desespero. Em outros lugares, aprende-se às vezes o ódio, pura e simplesmente. Todos esses problemas têm, em nossa opinião, a mesma raiz: toda a humanidade está em via de mutação, e não estava preparada para isto.

A alfabetização científica das crianças do planeta

Esqueçamos agora o óbvio. Nem é preciso dizer que é bom que a criança aprenda *bases* indispensáveis: *leitura*, *escrita*, *cálculo* e *informática*, hoje em dia. Ela precisa descobrir o mundo em que vive, pela geografia, pela história, pela cultura. No momento adequado, poderá aprender o necessário em matemáticas, ciências, filosofia e outras matérias, mas isto não é essencial. Nem todos têm esta necessidade, a não ser para conseguir o próprio alimento, e este pode ser obtido de outras formas.

O mais importante é que a criança aprenda a pensar por si mesma. Ela deve fazê-lo de acordo com o gênio da espécie e por sua própria experiência. Naturalmente, será necessário ajudá-la, orientá-la — mas nunca doutriná-la —, para que ela desenvolva esta lucidez, e para isto existe um método. Nós não o inventamos, mas o vimos em ação. Ele repousa numa constatação simples, já mencionada: as crianças são naturalmente pesquisadoras, muito parecidas com os pesquisadores científicos. Elas aspiram a compreender as leis do mundo que as cerca. Instintivamente, gostam de tocar, quebrar, deslocar, sentir as propriedades dos objetos.

Se essas inclinações não são exploradas mediante uma educação adequada, as crianças estarão sendo logo de entrada limitadas a adquirir apenas um número restrito de conceitos, ligados aos gestos repetitivos que fazem em seu meio. Neste caso, sua sede de conhecimento não é saciada. Em contrapartida, oferecendo-lhes uma rica gama de atividades experimentais, criteriosamente escolhidas por cientistas e educadores competentes, podemos fazê-las dar passos de gigante, permitindo-lhes adquirir sem constrangimentos um jeito científico de raciocinar.

É esta pelo menos a conclusão a que chegou um grupo formado pela Academia de Ciências, juntamente com profissionais de todos os escalões da educação nacional, além de estudantes de ciências e jovens engenheiros. Pareceu-nos que o mais simples para descrever esta iniciativa seria transcrever o que foi escrito em 1998 por um dos autores deste livro (o "eu" que aparece no texto refere-se a Georges Charpak). O pretexto era a publicação das reflexões de viagem de alguns dos profissionais citados, e a seguir reproduzimos a introdução.

Trecho de *crianças, pesquisadores e cidadãos*[1]

Tendo passado boa parte da vida contribuindo para decifrar o infinitamente pequeno, vi-me afinal confrontado, em parte pela idade e pelas honrarias recebidas, à cidade em que vivia. Minha família, meus amigos, meu país e meu belo planeta tornaram-se então mais visíveis, mais palpáveis, exigindo de repente mais atenção, quando deixei, em 1993, o casulo da física pura que era o meu laboratório, o Centro Europeu para a Pesquisa Nuclear, em Genebra. O CERN é um enorme viveiro de alguns milhares de pessoas no qual convivem pesquisadores do mundo inteiro, liberados das barreiras puramente materiais graças aos recursos de que são dotados. Liberados também das barreiras políticas, pois nem mesmo nos piores momentos da guerra fria jamais foram rompidos os elos entre os físicos das altas energias, qualquer que fosse o lado em que estivessem. A ausência de qualquer aplicação previsível, militar ou econômica, permitiu àqueles que tomavam as decisões políticas preservar esta passarela entre as elites científicas das regiões em confronto, uma passarela cujo efeito principal, por sinal, foi a contaminação de nossos colegas submetidos a regime totalitário pelos ideais democráticos.

No auge de meu envolvimento pessoal, sempre me interessei pelos problemas que afetam o mundo. As guerras, as revoluções e as perseguições tinham eco até mesmo em nosso casulo. Em particular, eu conferia grande importância à educação, para começar, como principal alicerce das sociedades democráticas, mas talvez

---

[1] Odile Jacob, 1998. O texto foi ligeiramente revisto para esta reprodução. Uma fonte de informações abundantes e cômodas sobre a operação "La main à la pâte" pode ser encontrada no site da Internet www.inrp.fr/lamap.

também por razões sentimentais. Chegado da Polônia aos sete anos de idade e pertencendo a uma família muito modesta, recebi a instrução da mais alta qualidade que existia então na França, sem jamais ser prejudicado pela falta de recursos de minha família.

Devo acrescentar que, por motivos racionais, eu desenvolvera verdadeiro horror por todas as formas de integrismo e fascismo. Minha experiência ensinara-me que elas podiam assumir todas as cores do arco-íris. E eu considerava que uma boa educação, amplamente disseminada, era o melhor anteparo a opor-lhes. Qual deveria ser o papel da ciência nessa educação? Eu sentia que, em vista da transformação que ela operara na vida de nossas sociedades, era necessário repensar seu papel no ensino de todos os futuros cidadãos. O extraordinário florescimento da ciência no século XXI seria considerado por eles um benefício ou uma desgraça?

Para aqueles, tão raros, que puderam saborear os frutos dos novos conhecimentos, foi uma festa embriagadora. Para aqueles, tão numerosos, que viram melhorar sua saúde e sua qualidade de vida, aumentar sua riqueza, consolidou-se a idéia de que os benefícios estão em maioria. Mas para todos aqueles que, em considerável número, não se adaptaram aos novos modos de produção, às relações sociais deles resultantes, a intrusão brutal da ciência foi identificada com as novas tecnologias por ela geradas; ela só era aceita com surda desconfiança, ou então percebida como uma calamidade.

Os primeiros estão impregnados de certa cegueira, uma inconsciência que se nutre de egoísmo, de um sentimento de fatalidade, da boa consciência que os privilegiados cujo futuro parece garantido sempre souberam cultivar, ou que faziam seus pensadores cultivar. Os segundos, os relegados, os que são condenados pelas mudanças a se tornar mais pobres, a deixar suas terras, a perder o estatuto social que conferia dignidade à sua vida — ainda que difícil —, já estes freqüentemente rejeitam a ciência, ainda que os avanços da medicina prolonguem em dez ou vinte anos sua expectativa de vida. Esta rejeição os leva às vezes a cair nas armadilhas montadas por ideólogos, com uma arte requintada, todo um obscurantismo moderno de mil facetas: místicas, políticas ou cientificistas.

Mas estas duas humanidades vivem no mesmo planeta e são obrigadas a conviver. O século passado assistiu às mais gigantescas matanças da história. A vida de dezenas ou centenas de milhões de seres humanos foi um longo martírio, que não chegou a ser muito aliviado pelo desabrochar das ciências.

Na esfera dos diferentes países, vamos encontrar estruturas de solidariedade voltadas para atenuar as disparidades excessivas entre os níveis de vida. Mas elas se tornaram inadequadas. Vão-se criando nos países mais ricos grupos cada vez mais estanques que são excluídos de uma vida digna. A única maneira de dar marcha a ré é impedir que as crianças que nascem nesses grupos caiam também numa exclusão irremediável. Instalando-se permanentemente numa vida miserável, elas desenvolvem uma cultura estranha e hostil àquela que envolve a sociedade na qual precisam viver. E é num ritmo infernal que a cada década, e logo a cada ano, as novas tecnologias vêm nos lembrar a urgência de adaptar a sociedade à sua criatividade galopante.

A violência que nasce desse divórcio tornará frágeis estruturas democráticas laboriosamente conquistadas, que considerávamos para sempre adquiridas, mas se revelam totalmente inadaptadas às novas relações sociais. O caráter flagrante dessa constatação há dezenas de anos tem levado educadores de muitos países a desejar facilitar a integração social das crianças de todas as condições, por meio de um ensino profundamente renovado em seus métodos e objetivos e em sua ambição.

A EDUCAÇÃO, BARREIRA CONTRA A BARBÁRIE

Eu tive o privilégio, há seis anos,[2] de ser arrastado por meu amigo Léon Lederman à aventura que se transformou na paixão de sua vida: uma reforma do ensino recebido pelas crianças na primeira idade, de cinco a 12 anos. Não se tratava simplesmente de introduzir um conjunto de receitas científicas no cérebro de crianças e adolescentes, mas de utilizar sua imensa e insaciável curiosidade natural para conduzi-las, por meio de uma *démarche* ativa e criteriosamente elaborada por cientistas, na direção da abordagem do real. Nesse percurso, elas aprendem — aspecto crucial do método — a se comunicar oralmente entre si, a ler e escrever, ao mesmo tempo assimilando a arte de raciocinar que lhes será preciosa mais tarde, para abrir caminho na sociedade e enfrentar seus desafios cambiantes e imprevisíveis.

Minha convicção foi forjada num só dia, vendo crianças de um gueto de Chicago descobrirem, com um brilho de prazer nos olhos, o mundo e suas leis, por intermédio do manejo de objetos simples e criteriosamente selecionados. Discutindo entre si e logo também com a professora, descrevendo pela escrita e pelo desenho suas observações, elas se impregnavam naturalmente dos conceitos que os cientistas responsáveis por essas experiências pretendiam levar-lhes à consciência.

Eu estava vendo em ação uma pedagogia baseada em idéias simples. Há um grande parentesco entre as *démarches* das crianças que descobrem o mundo e as dos pesquisadores científicos empenhados em decifrar segredos da natureza. A elaboração do conhecimento só é possível, em grande parte, mediante o empenho numa pesquisa ativa, e não acumulando verdades prontas. Todas as crianças, todos os adolescentes devem ter direito a um

[2] Cabe lembrar que este texto foi escrito em 1998.

nível elevado de conhecimentos científicos, quaisquer que sejam sua origem, seu sexo ou a diversidade de seus talentos. É fundamental que as crianças disponham do tempo necessário para adquirir um conhecimento profundo de certo número de temas, mais que uma acumulação de conhecimentos superficiais e dispersos. Tendo percorrido todas as classes da escola, pude encontrar em todos os níveis, fosse em física, química, ciências naturais ou matemáticas, crianças que experimentavam com alegria, aprendendo em seu próprio ritmo conceitos fundamentais, refletindo e discutindo.

O que eu via em gestação tinha considerável importância para mim. Era a maturação de futuros homens e mulheres livres, capazes de buscar uma verdade que não lhes fosse entregue de bandeja, enriquecidos por uma bagagem intelectual que lhes permitisse tirar proveito sem receio do enorme tesouro de novos conhecimentos e novas técnicas nos quais podiam ver-se submersos pelo impetuoso desenvolvimento da ciência.

Eu tinha conhecimento da má reputação da maior parte do ensino público americano. Sabia, por minhas leituras, que metade dos alunos do ensino médio não são capazes de localizar a França ou o Japão num mapa. A má qualidade do ensino público penaliza as populações mais frágeis. Apenas oito por cento dos adolescentes negros, 20 por cento dos adolescentes hispânicos e a metade dos adolescentes brancos sabem calcular o troco a receber no pagamento de uma refeição de dois pratos, ou seja, associar uma adição a uma subtração. Em 1985, 20 por cento da mão-de-obra eram de analfabetos, capacitados a soletrar, mas não a ler uma frase.

Tudo isto contrasta com a formidável vitalidade da economia americana, que está a exigir uma modernização do ensino, pois precisa muito mais de pessoas instruídas que de analfabetos. Não surpreende que as escolas privadas se desenvolvam mais que as escolas públicas, pois dispõem de mais recursos e se adaptam com mais flexibilidade às necessidades da sociedade.

Certas carências gritantes do sistema de ensino americano são encobertas pela contribuição dos imigrantes à força de trabalho científica. As universidades e escolas de engenharia recebem em massa estudantes estrangeiros dos mais brilhantes, em geral financiados por sua própria família ou por seu país; em certas escolas de engenharia, mais da metade dos alunos estão nessa situação. Os laboratórios recebem, depois de doutoramento, os pesquisadores estrangeiros mais talentosos. Aos melhores dentre eles, oferecem uma situação material incomparavelmente melhor que aquela de que poderiam desfrutar em seus países de origem, com a possibilidade de trabalhar livres dos irritantes problemas burocráticos que não raro atrapalham a vida de um pesquisador.

Assim, o considerável custo inicial da formação desses alunos recai sobre a economia dos países de origem, o que permite aos Estados Unidos ter acesso a um viveiro inesgotável, cuja qualidade contribui para sua prosperidade.

Quando voltei à França, em 1993, levei Léon Lederman ao encontro do ministro da Educação, François Bayrou, para me ajudar a convencê-lo. E conseguimos. Organizei então uma pequena delegação quc foi a Chicago ver o que eu já vira. Eles tiveram a mesma reação que eu. Certamente era possível encontrar na França e em outras partes do mundo um bom número de experiências de igual qualidade e de inspiração semelhante, mas o que conferia especial interesse à iniciativa de Lederman era o alcance de sua ambição.

Quando nossa delegação retornou de Chicago, com Pierre Léna e Yves Quéré, membros da Academia de Ciências, conseguimos bater às portas certas para obter créditos fora do ministério e dar início à aventura. Assim foi que recebemos financiamento, em 1997, para uma viagem aos Estados Unidos, já agora não só de notabilidades científicas e universitárias, mas de professores de escolas trabalhando em campo, acompanhados de outros profissionais que se revelaram muito úteis. Além de Chicago, eles visitaram outros centros nos quais se faziam experiências semelhantes. Na realidade, centenas de milhões de dólares haviam sido gastos pelas autoridades federais e locais para propiciar iniciativas desse tipo em uma dezena de centros.

Iniciamos então na França uma experiência de educação seguindo os mesmos princípios. Para relatá-la, sem permanecer no nível das generalidades, começaremos contando a trajetória de uma menininha argelina que acabava de chegar à França, numa escola de Vaulx-en-Velin, tal como relatada pelo professor.

RETRATO DE UMA ALUNA: SOUMIA, OU O "RENDIMENTO ESCOLAR"

Naquele ano, experimentamos um módulo traduzido do americano sobre "os líquidos", no contexto da operação "Mão na massa". Ao ritmo de três sessões de uma hora e meia por semana, durante dois meses e meio.

Na classe em que ensino, os alunos são de diferentes origens, e é grande a heterogeneidade escolar. Soumia está entre os alunos que enfrentam grande dificuldade. Chegada da Argélia há um ano, ela tem problemas para entender a língua francesa e ainda mais para escrevê-la. Cabe notar que a escrita é de má qualidade, e o trabalho, de pouco capricho. Seu atraso escolar é considerável.

Por outro lado, Soumia enfrenta problemas psicológicos e vive numa família em grande dificuldade socioeconômica.

Entretanto, ela não se desinteressou da escola, demonstrando o desejo de ter êxito. Seu comportamento é dos mais apagados; ela é uma aluna que exprime muita tristeza, que quase não falava no início do ano e evidenciava grande lentidão, e mesmo apatia.

Antes de começar o trabalho de experimentação com os líquidos, um questionário de introdução é distribuído aos alunos, para avaliar desde logo suas representações a respeito do tema e aquilo que já conhecem sobre ele.

Num máximo de 50 pontos a serem obtidos, Soumia conseguiu apenas 2; os alunos com mais dificuldades ficaram em sua maioria na faixa entre 10 e 20 pontos, um único deles teve 0 e os melhores obtiveram notas em torno de 30.

Em dois meses e meio, observei os seguintes pontos:

• O comportamento evoluiu de maneira fulgurante, não havendo mais qualquer traço de apatia ou letargia em classe. Soumia sempre aguarda com impaciência a sessão de ciências, durante a qual se entrega a uma atividade frenética.

• Podemos vê-la tomar a palavra, de maneira regular e mesmo insistente, sempre que não lhe fazemos imediatamente alguma pergunta!

Isto podia acontecer durante as manipulações, para comunicar suas observações, ou depois, na transmissão dos resultados ao grupo maior, sempre justificada por um "porque", ou ainda para expressar seu ponto de vista no outro espaço de expressão da palavra que é nosso conselho de classe. Soumia manifestou-se sobre todos os temas de que tratamos, e cheguei mesmo a observar que sua voz se mostrava mais segura e que ela se permitia falar mais alto que antes.

Soumia passou a demonstrar maior confiança em si mesma e uma vontade mais firme. Inscreveu-se na programação do "Qual a novidade?", momento de expressão oral com tema livre por mim proposto aos alunos. Da mesma forma, manifestou o desejo de se inscrever nas oficinas científicas organizadas pelos programas locais de acompanhamento escolar no horário noturno.

Esta aluna que escreve mal, cujos cadernos são descuidados e cuja produção de textos é quase inexistente sentiu prazer em representar as experiências e esquematizar, às vezes com resultados muito satisfatórios, tanto na forma — desenho realizado, preocupação com as legendas — quanto no conteúdo, ficando clara sua boa compreensão.

Por outro lado, Soumia passou a escrever com prazer no caderno de atividades da classe, uma espécie de registro da memória coletiva diariamente levado para casa por um dos alunos, para fazer um pequeno balanço das atividades do dia. Foi nessas oportunidades, por sinal, que Soumia mais fluentemente voltou a falar das experiências, desenhando as conclusões que pudera extrair e mesmo, nos dias em que não pudemos realizar nossa sessão de ciências, dizendo-se realmente "muito triste", com o desenho ao lado de uma menininha enfurecida.

No fim do módulo, repetimos o questionário, além da avaliação prevista, para medir a evolução dos alunos por meio da diferença entre as notas.

No caso de Soumia, a diferença foi de 25 pontos. Somente dois alunos, num total de 22, tiveram diferença maior, 29, no caso de uma aluna que obtivera 9, e 31 no de outra, que obtivera 17, situando-se a média da classe em 16 pontos.

Observo atualmente um "rendimento escolar" em matemática: Soumia começou a entender...

"Mão na massa"

Depois de semelhante exemplo, quem não desejaria dar a mesma oportunidade a todas as crianças que começam mal na vida, por não terem tido a sorte de ter pais instruídos e disponíveis?

Passamos então a sonhar com a possibilidade de levar conosco todo o sistema educativo. O principal obstáculo é a inércia, o ceticismo, o fatalismo, mas isso pode ser superado. Os poucos anos de aplicação do método na França demonstraram que existe um enorme reservatório de boa vontade, pronto para ser colocado em ação. Em particular, os cientistas de todos os níveis podem desempenhar um papel decisivo, dando assistência aos professores, que se lançam ao novo modelo de ensino com um material que não lhes é familiar.

A etapa seguinte está nas mãos dos políticos, e é a eles que cabe superar os principais obstáculos. A este respeito, a estrutura centralizada de nosso ensino revela-se das mais vantajosas. Se a formação dos professores do ensino fundamental fosse feita nessa perspectiva, bastariam de cinco a dez anos para realizar uma reforma geral desse segmento, acarretando mudanças salutares em seu rastro.

Para aqueles que se lançaram na aventura, esta afirmação nada tem de excessiva. Seus efeitos podem ser constatados em algumas escolas nas quais crianças de cinco anos ficaram fascinadas (não é difícil perceber quando isto acontece) pelo jogo simples que a seguir descrevemos. O professor propõe uma adivinhação: se jogarmos um pomo-de-adão, um limão, uma banana e um grão de feijão numa bacia cheia d'água, uns afundam e outros bóiam. Os alunos são convidados a levantar uma hipótese. Todos decidem que o grão de feijão é que vai flutuar, por ser mais leve. Fazem a experiência, e, naturalmente, só o grão de feijão efetivamente flutua. Houve uma ocasião, por acaso, em que as crianças eram observadas por um político e um diplomata que, naturalmente, deram a mesma resposta: é o objeto mais leve que flutua. Mas não se trata de um jogo. Ao fim de uma hora de aula, as crianças, valendo-se de uma balança, comparam o peso de tubos de plástico cheios de azeite e vinagre, constatando que o tubo de ensaio cheio de vinagre é mais pesado que o que contém azeite, e que é por este motivo que suas mães vertem primeiro o azeite quando fazem o vinagrete.

Assim, uma série de experiências simples permitiu que eles adquirissem a noção de densidade. Aprenderam a levantar uma hipótese — por exemplo: o vinagre é mais pesado porque é mais vermelho —, comprovando-a ou invalidando-a. Aprenderam as poucas palavras necessárias para descrever conceitos novos, redigindo uma "tábua da verdade" ou um pequeno texto para descrever sua experiência.

Numa outra classe de alunos "veteranos", de nove anos, as crianças são postas diante de tubos de ensaio e vasilhames de plástico de diferentes diâmetros. Medem então sua circunferência com um pedaço de fita adesiva que lhe dá a volta e cujo comprimento eles mesmos medem com uma pequena régua; medem o diâmetro com a mesma régua e finalmente estabelecem a relação entre os comprimentos com uma calculadora eletrônica que custa 5 euros. Para sua surpresa, constatam então que a relação é próxima de 3,14, qualquer que seja o diâmetro do recipiente, o que não lhes havia passado pela cabeça.

As crianças repetem a mensuração 25 vezes no mesmo recipiente e fazem uma tabela dos resultados obtidos, passando em seguida a um ábaco, que mostra a distribuição das medidas em torno do valor médio. E descobrem que este valor médio fica, com efeito, próximo de 3,14, embora certas medidas se distanciem muito dele. São, com isto, introduzidas a uma noção fundamental: o erro de medida. Naturalmente, foram convidadas a levantar hipóteses durante o exercício e a descrever sua experiência num caderno pessoal de anotações. Comparando-se as notas redigidas no início e no fim do ano, ficamos pasmos com um progresso perceptível à primeira vista.

Assim, as crianças estudam vários fenômenos naturais com que têm contato: os diferentes estados da água, sólido, líquido ou vapor; o cultivo das plantas, ao qual se entregam alegremente, deparando-se as que vivem nas cidades com não poucas surpresas. Um mesmo esquema é seguido todas as vezes. Elas propõem hipóteses a respeito dos resultados que vão observar; fazem experiências em comum, num pequeno grupo de quatro alunos; comparam os resultados, não raro divergentes; discutem-nos na presença do professor ou da professora. Acontece às vezes que estes, os maestros, não conheçam de cor toda a partitura, surgindo alguma pergunta inesperada.

É nesses casos que os cientistas que atuam como conselheiros ensinaram aos professores que digam com toda franqueza: "Estamos fazendo ciências nesta classe, mas os próprios pesquisadores profissionais não têm uma resposta imediata a todas as questões. Vocês terão a resposta na próxima aula." Naturalmente, a espera aumenta a curiosidade!

A solução mais simples levou os professores a consultar um site da Internet a eles dedicado, e no qual cerca de oitenta cientistas podem ser consultados em caráter de trabalho voluntário, comprometendo-se a dar uma resposta em menos de 36 horas. Outra solução consistia em recorrer a estudantes que decidiram dedicar uma hora por semana a uma escola de seu bairro, participando de debates para ajudar professores às vezes em dificuldades.

Naturalmente, esses estudantes não participam dos cursos para substituir os professores; em regra geral, não seriam capazes disso. Em compensação, precisam apenas de um início de formação para adquirir domínio do material utilizado. Assim como os professores, têm à disposição cerca de vinte livros e protocolos relacionados ao material e que são postos à disposição dos alunos.

Os professores nunca encerram uma aula sem o obrigatório ritual do debate público com os alunos, a respeito do sentido das experiências realizadas. Os alunos precisam entender que não se trata de jogos para pura e simples distração, mas de um método destinado a permitir a aquisição de conceitos fundamentais. O debate, portanto, constitui uma fase fundamental. O notável é que só muito raramente ocorrem problemas de disciplina, de tal maneira o procedimento adotado vai ao encontro da natureza profunda da criança.

Assim, com um pouco de talento pedagógico e tato, atributos habituais nos professores, estes fazem com que os alunos aprendam as regras do debate científico, ou seja, as leis do debate democrático! Foi o que mais causou impressão na vice-ministra chinesa da Educação durante uma visita a uma escola na França.

Poderíamos encher um volume inteiro com exemplos de aplicação de um método que, como este, repousa no gosto espontâneo das crianças pela descoberta do mundo, na inteligência da escolha das ferramentas destinadas à aquisição desses conhecimentos por meio da experimentação pessoal e, enfim, na facilidade e no domínio com que a maioria dos professores primários se adapta ao método, encontrando nele, segundo afirmam, um novo estímulo para sua atividade profissional.

O método chama-se "Mão na massa". É uma locução popular inspirada em outra anteriormente adotada nos Estados Unidos: *Hands on* ("Mãos à obra"), cujo sentido é o mesmo: dar expressão à experiência manipulando as coisas, em vez de recorrer ao discurso.

A experiência já foi feita nos últimos anos por pelo menos dez por cento dos professores franceses do primeiro segmento do ensino fundamental, no mais intensivo ritmo permitido pela breve formação que necessariamente deve ser dada aos professores (todos voluntários) e pelos prazos para compra ou fabricação do material adequado. Sua propagação quase espontânea foi estimulada pela simpatia manifestada pelas autoridades acadêmicas, a Academia de Ciências, colégios e universidades, com a colaboração de considerável parte de seus profissionais e estudantes, assim como de engenheiros aposentados.

Os recursos necessários podem ser avaliados em 15 euros anuais por aluno, um valor mínimo em comparação com os três mil euros que cada aluno custa ao país no mesmo período. A qualidade do método depende, em certa medida, da qualidade do material, que a cada etapa atende a temas bem definidos. É preciso levar em conta o desperdício, que chega a aproximadamente dez por cento ao ano. Cerca de 30 mil módulos de material, destinados cada um a 30 alunos durante a aula, são anualmente instalados nas escolas, freqüentemente acompanhados de material de concepção local.

Surpreendentemente, constatou-se que era mais fácil e menos oneroso comprar o material e os livros na França que nos Estados Unidos. Por esse motivo, muitos países recorreram à França para ajudá-los a se lançar na aventura. Esta disponibilidade comercial do material é um elemento importante, pois o fato de empreender uma tal operação sabendo desde o início onde o material poderá ser encontrado e a que preço facilita muito o empreendimento.

Naturalmente, a receptividade dos professores desse segmento é essencial. Muitos deles não tiveram formação científica, e alguns consideram-se inclusive impermeáveis a qualquer raciocínio científico. Pode, assim, haver receio e risco de fracasso. O problema é real, e em certos estados dos Estados Unidos constatou-se que essa carência de formação afetava até 99 por cento. A julgar pelos diplomas universitários, a carência pode ser estimada na França em 80 por cento. Teríamos aí um muro intransponível, tornando o método utópico ou reservado a uma nova elite? Felizmente não, pois se verifica que freqüentemente os melhores professores estão entre os que receberam formação literária. Mas nem por isso o problema da formação dos professores deixa de ser um possível gargalo, e certamente seria interessante que as organizações sindicais se debruçassem sobre a questão — e sobre o princípio do método —, tendo em vista um futuro entendimento.

Existem também os problemas locais. O acompanhamento dos professores por cientistas, mais ou menos experientes, foi um fator importante que parece interessante preservar, mas não é indispensável. O que é uma boa coisa, pois caso contrário o sucesso dependeria excessivamente da geografia e do ambiente social. À medida que os professores se conscientizam de que não estão sendo convocados a fazer um curso de ciências, mas a acompanhar o curso natural do desenvolvimento da criança, podem dispensar a presença de apoiadores durante os cursos. Existem outros recursos, entre os quais a Internet surge em primeiro plano. Também se pode recorrer à ajuda de associações. Finalmente, a regionalização do ensino também pode desempenhar papel relevante.

Para concluir, não devemos esquecer o contexto em que se insere este livro. Por maior que seja nosso profundo apego ao nosso país, nossa ambição vai mais longe. Mais uma vez, o objetivo não é ampliar o conhecimento das ciências ou a competitividade científica, aqui ou em outros lugares, mas contribuir para abrir espíritos lúcidos voltados à própria mutação.

O sucesso do método levou a pensar em sua generalização. Naturalmente, ele tem adversários, aqueles que acreditam mais no discurso e em inculcar o saber, mas não é importante: nunca dissemos que o método deve ser único. Achamos mais interessante frisar a inesperada repercussão das experiências francesas em países distantes: China, América do Sul, Sudeste asiático e norte da África.

Uma experiência feita em Bogotá merece ser comentada. O método foi implantado em cinco colégios da capital colombiana, cada um com mil alunos, do último ano do maternal ao vestibular. São quinhentos alunos em cada estabelecimento, e os das classes elementares praticam “Mão na massa” cinco vezes por semana. Os professores são auxiliados por alunos das classes mais adiantadas, atividade que é integrada a seu próprio currículo. Os colégios são novinhos em folha, tendo sido implantados nos bairros mais problemáticos. A qualidade e o clima de entusiasmo dos cursos parecem indicar que haverá fulminante disseminação, se os acontecimentos políticos permitirem. Esta experiência partiu do liceu francês, que conseguiu a adesão dos melhores colégios particulares e de uma importante escola de engenharia. A isto vieram somar-se o talento e a dedicação de alguns professores universitários colombianos, que obtiveram o apoio de dirigentes do setor educativo nacional e da prefeitura de Bogotá.

Esta experiência, observada em junho de 2003 por delegados da América Latina, da França e dos Estados Unidos, entre outros, mostra que, quando são mobilizados os meios necessários, o método é passível de rápida implantação, mesmo nas condições mais difíceis. Não é, portanto, impensável uma extensão em escala mundial.

A etapa seguinte, à qual um de nós se dedica atualmente em caráter integral, é uma ampliação da experiência em escala européia. No caso, Georges Charpak inspira-se no que aprendeu no CERN. Na década de 1950, políticos e cientistas de visão convenceram os dirigentes europeus a enfrentar o desafio soviético e americano num terreno específico, o da física das partículas. Para isto, eram necessários meios consideráveis, tendo em vista o custo dos aceleradores de partículas. Assim foi que os físicos conseguiram um bilhão de dólares por ano durante meio século, e o CERN acabou se equiparando e às vezes superando concorrentes que enquanto isso se haviam tornado associados.

Este sucesso não é medido apenas pelo número de descobertas, mas também pelo fato de que a cooperação entre cientistas do mundo inteiro veio a ser profundamente modificada. Assim, a Internet foi inicialmente concebida no CERN para a comunicação entre milhares de físicos que em todo o mundo cooperavam em experiências envolvendo aceleradores, dos Estados Unidos ao Japão, passando pela Europa e a Rússia.

Hoje, a Europa pode enfrentar um desafio comparável. Se investir um bilhão de euros por ano durante vinte anos, será revolucionada a qualidade do ensino proporcionado às crianças. Não se trata de reinventar os métodos de ensino, e sim de copiar, adaptar e testar um método já em si promissor. Antes de mais nada, é preciso dotar-se de meios para proporcionar aos professores o material necessário e uma formação permanente a cargo de pessoal competente, em suas próprias cidades ou em nível regional.

Podemos nos inspirar nos casos de excelência que desempenharam um papel essencial na propagação do método na França. Eles também existem em outros países. Por meio da organização de algumas cidades-piloto, de variados graus de importância mas dirigidas por homens dispostos a sair dos caminhos batidos, pretendemos positivar em poucos anos a validade do método e aperfeiçoá-lo.

O custo? Nossa estimativa foi de 15 euros anuais por criança. Se acabarmos atendendo em toda a Europa a 50 milhões de crianças, chegaremos perto de um bilhão de euros, total que nada tem de assustador.

Como fazer para que o método seja estendido a países em vias de desenvolvimento capazes de um máximo proveito? Neste caso, a principal providência será o fornecimento de material e a formação de monitores para acompanhamento dos professores. As lições da experiência atualmente em curso serão preciosas, e não temos por que nos privar de pensar grande.

Nem é preciso dizer que o ensino não deve limitar-se às ciências (entretanto, sejamos cientistas). Ele também deve abrir a imaginação das crianças, fornecendo-lhes meios de pensar (sobretudo, sejamos lúcidos), para que elas mesmas se façam profetas, onde o destino e a vontade assim quiserem. Profetas e arautos da paz foram encontrados por nós em muitos lugares entre professores, profissionais de atendimento, irmãos mais velhos dos subúrbios e às vezes também entre intelectuais. Não consideramos que estejamos entre eles, e aqui encerramos este livro, que foi simplesmente nosso relatório de vigias.

"Somente a ciência pode resolver problemas gerados por fome e pobreza, insalubridade e analfabetismo, superstição e costumes e tradições paralisantes, desperdício de recursos, povoamento de um país rico por homens que morrem de fome... Nessas condições, quem poderia hoje permitir-se ignorar a ciência? A cada instante, devemos buscar sua ajuda... O futuro pertence à ciência e a seus amigos!"

Jawaharlal NEHRU (1889-1964)
primeiro Primeiro-Ministro da Índia independente

Este livro foi composto na tipologia
Minion, em corpo 13/16, impresso em
papel off-white 80g/m², no Sistema Cameron
da Divisão Gráfica da Distribuidora Record.